아무도 가르쳐 주지 않는 영문법

Grammar 절대 매뉴얼

실전편

아무도 가르쳐 주지 않는 영문법
Grammar 절대 매뉴얼 실전편(2nd edition)

지은이 유원호
펴낸이 임상진
펴낸곳 (주)넥서스

1판 1쇄 발행 2014년 8월 10일
1판 3쇄 발행 2016년 1월 5일

2판 1쇄 발행 2018년 3월 1일
2판 10쇄 발행 2024년 11월 15일

출판신고 1992년 4월 3일 제311-2002-2호
주소 10880 경기도 파주시 지목로 5
전화 (02)330-5500 팩스 (02)330-5555

ISBN 978-89-6790-911-6 13740

저자와 출판사의 허락 없이 내용의 일부를
인용하거나 발췌하는 것을 금합니다.
저자와의 협의에 따라서 인지는 붙이지 않습니다.

가격은 뒤표지에 있습니다.
잘못 만들어진 책은 구입처에서 바꾸어 드립니다.

www.nexusbook.com

THE ABSOLUTE Grammar 절대 매뉴얼

아무도 가르쳐 주지 않는 **영문법**

2nd edition

실전편

유원호 지음

Intro 들어가는 말

〈Grammar 절대 매뉴얼 – 실전편〉의 초판이 발간된 지 벌써 3년 반이 넘었습니다. 그동안 〈Grammar 절대 매뉴얼 – 입문편〉이 발간되었고, 많은 학생과 독자분들의 질문을 토대로 설명이 불충분하거나 불분명한 부분을 수정·보완하여 〈Grammar 절대 매뉴얼 – 실전편〉의 2판을 발간하게 되었습니다.

저의 첫 영문법 책은 중학교 1학년 담임 선생님께서 추천해 주신 〈성문 기초영문법〉이었습니다. 학교 영어 수업을 따라가기 바빠 〈기초영문법〉은 몇 쪽 보지도 못한 채 어느덧 〈성문 기본영문법〉을 봐야 할 학년이 되었고, 영어도 영어지만 한국어 설명이 너무 어려워 〈기본영문법〉은 일찌감치 포기했습니다. 그 와중에도 벌써 〈성문 종합영어〉를 보는 친구들이 있었고, 잠시 빌려 본 〈종합영어〉에는 웬 모르는 한자가 그렇게 많은지 더욱 보기 어려웠습니다.

가지고 있는 모든 문법책을 한 번도 제대로 공부해 보지 못한 채 저는 고등학교 2학년을 마치고 미국으로 이민을 갔고, "미국 거지도 다 하는 영어, 나도 좀 해 보자!"라는 일념으로 한국에서 가지고 간 모든 문법책을 숙독했습니다. 가장 어렵게 공부했던 '분사구문'을 완전히 익힌 뒤 미국 친구와의 대화 중에 Having slept only 3 hours last night, I'm really tired today.(어제 3시간밖에 못 잤더니, 오늘 아주 피곤하네.)라고 자신 있게 말했을 때, 돌아오는 대답은 You must be really tired. You're talking strange.(너 진짜 피곤한가 보구나. 말을 이상하게 하는 거 보니.)였습니다. 나중에 알고 보니 분사구문은 대화에서는 사용되지 않는 문법이었던 거죠.

한국 영문법 책들의 가장 큰 단점은 "왜 그렇지?"에 대한 답을 소홀히 한다는 것입니다. 부사절을 분사구문으로 줄이는 방법은 자세히 설명하면서 가장 기본인 '왜 줄여야 하는지'는 설명하지 않습니다. 또 Can you open the window?보다 Could you open the window?가 더 공손한 표현이라고는 가르쳐 주지만, 왜 그런지는 설명하지 않죠.

제가 문법책을 공부하면서 가장 이해되지 않았던 것은 시제에 관한 설명들이었습니다. 예를 들면 현재완료를 설명할 때 '과거에 발생한 일이 현재에도 영향을 미칠 때에는 현재완료를 사용한다.'라는 내용에서 '어떤 영향'을 미쳐야 현재완료를 사용한다는 건지, 'used to는 규칙적인 습관을 나타내고 would는 불규칙적인 습관을 나타낸다.'라는 내용에서는 얼마나 자주 해야 '규칙적인' 습관인지 등이 애매했던 거죠.

이 책은 제가 한국과 미국에서 영어를 공부하며 궁금했던 문법 사항과 지난 10여 년간 UCLA와 MIT 그리고 서강대학교에서 문법을 가르쳤던 내용을 엮어서 낸 책입니다. 문법을 공부하면서 답답함을 느꼈거나 다음과 같은 질문이 있었던 사람들을 위한 책이라고 할 수 있죠.

- 문법책에서 평서문에는 some이 쓰이고 의문문과 부정문에는 any가 쓰인다고 했는데, 왜 미국 웨이터들은 Would you like some water?라고 물어볼까?
- love는 상태 동사라서 진행형으로 쓸 수 없다고 했는데, 왜 McDonald's 광고에서는 I'm loving it!이라고 하지?
- 형용사와 관사는 쓰임이 다른 것 같은데 왜 영어는 같은 품사라고 하면서 8품사로 나눌까?

문법책을 볼 때 이해되지 않는 부분도 무작정 암기하셨던 분, 아무 생각 없이 암기한 부분이 시험에 나오긴 했지만 오답이 되어 새로운 책을 찾던 분, 새로운 책을 사서 봤는데 여전히 이해되지 않아 처음 본 느낌처럼 또 다시 암기하고 계신 분, 원서로 영문법을 공부하기 위해 준비가 필요한 분들, 이런 모든 분들을 위한 영문법 책이 되고자 합니다.

저자 유원호

이 책의 구성 및 특징

이 책의 목차에 고급 이라고 표시된 Lesson은 처음부터 학습할 필요는 없습니다.
어느 정도 문법 실력을 쌓은 다음 고급 문법을 완성하기 위해 학습하세요.

■ 이런 말, 영어로 할 수 있나요?

각 Lesson 도입부에 해당 Lesson에서 배울 내용과 관련된 질문이 있습니다. 영어로 말할 수 있는지 체크해 보고 정답을 확인하세요.

■ 소제목

단락마다 주요 내용을 쏙쏙 뽑은 소제목만 읽어도 전체 내용을 훑어볼 수 있습니다.

GRAMMAR

■ 이것만은 확실히

Lesson이 끝날 때 전체 내용을 요약하여 정리한 '이것만은 확실히'로 학습했던 내용을 한 번 더 복습해 보세요.

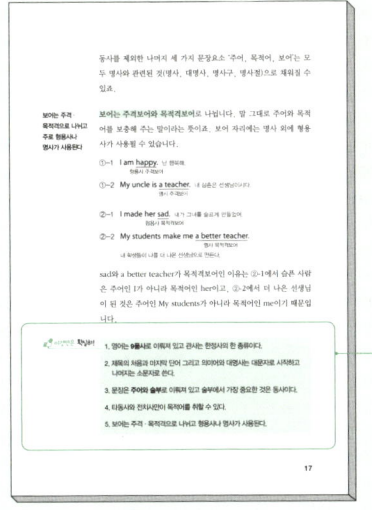

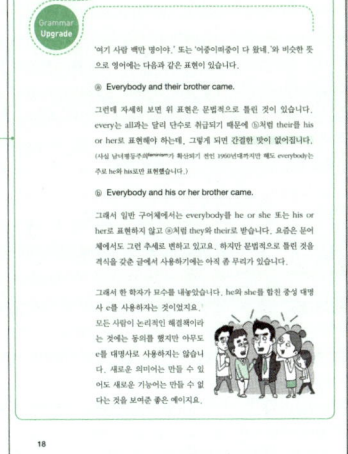

■ Grammar Upgrade

Lesson 학습이 끝나면 문법 실력을 한층 높여 줄 'Grammar Upgrade'를 살펴보세요. 까다로운 고급 문법까지 완전 정복할 수 있습니다.

★ 4가지 무료 학습자료 활용하기 ➡ www.nexusbook.com에서 다운받으세요.

 단어 노트 각 Lesson별 단어를 정리하였습니다. 사전을 찾는 번거로움을 덜어 드립니다.

 단어 퀴즈 주요 단어와 표현들을 제대로 이해하였는지 Quiz를 풀면서 실력을 확인해 보세요.

 복습문제 각 Lesson별 예문의 빈칸을 채우며 배운 내용을 복습해 보세요.

 녹음 강의 저자 선생님이 직접 녹음하신 강의를 들으며 문법 실력을 더욱 높여 보세요. 녹음 강의는 팟캐스트로도 들을 수 있습니다. 'Grammar 절대 매뉴얼'로 검색해 보세요.

Contents 목차

PART1 기본 문법
Basic Grammar

Lesson 1	품사와 문장의 요소 Parts of Speech & Parts of a Sentence	12
Lesson 2	구, 절, 문장 Phrase, Clause, & Sentence	19
Lesson 3	구두점 Punctuation Marks	28
Lesson 4	공손함 표현하기 Expressing Politeness	38

PART2 동사와 관련된 모든 것
Verb-related Stuff

Lesson 5	동사의 종류 Verb Types	46
Lesson 6	법조동사 Modals	54
Lesson 7	연결동사와 주어 동사 일치 Linking Verbs & S-V Agreement	64
Lesson 8	시제와 상 I Tense & Aspect I	73
Lesson 9	시제와 상 II Tense & Aspect II 고급	87
Lesson 10	준동사(부정사, 동명사, 분사) Verbals: Infinitive, Gerund, & Participle	98
Lesson 11	조건문 Conditional Sentences	112
Lesson 12	가정법 Subjunctive Mood	119
Lesson 13	의문문과 부정문 Interrogative & Negative Sentences	127
Lesson 14	간접화법과 시간 지시어 Indirect Speech & Time Deixis 고급	136
Lesson 15	수동태와 중간태 Passive Voice & Middle Voice	144

PART 3 명사와 관련된 모든 것
Noun-related Stuff

Lesson 16	명사의 종류 Noun Types	156
Lesson 17	대명사 Pronouns	168
Lesson 18	한정사와 수량사 Determiners & Quantifiers 고급	177
Lesson 19	관사 I Articles I	187
Lesson 20	관사 II Articles II 고급	195
Lesson 21	관계대명사와 형용사절 Relative Pronouns & Adjective Clauses	205
Lesson 22	명사절과 부사절 Noun & Adverb Clauses 고급	216
Lesson 23	전치사 Prepositions	224
Lesson 24	형용사와 부사 Adjectives & Adverbs	235
Lesson 25	무거운 명사 이동, 도치, 강조 Heavy NP Shift, Inversion, & Emphasis 고급	245

PART 1
기본 문법
Basic Grammar

Lesson 1 품사와 문장의 요소 Parts of Speech & Parts of a Sentence
Lesson 2 구, 절, 문장 Phrase, Clause, & Sentence
Lesson 3 구두점 Punctuation Marks
Lesson 4 공손함 표현하기 Expressing Politeness

Lesson 1

품사와 문장의 요소
Parts of Speech & Parts of a Sentence

> **이런 말, 영어로 할 수 있나요?**
> ⓐ 최대한 집에 빨리 와!
> ⓑ 걘 항상 나한테 전화해.
> ⓒ 내가 그녀를 슬프게 만들었어.
>
> **정답** ⓐ는 A의 ⑤번, ⓑ는 ⑥번, ⓒ는 B의 ②-1번 문장을 보세요.

한국어도 영어도
모두 9품사다

품사

많은 문법책들이 한국어에는 9품사가 있고 영어에는 8품사가 있다고 설명합니다. 영어의 8품사에서 의아한 것은 형용사와 관사(a, an, the)가 같은 것으로 취급된다는 것입니다. 관사도 명사나 대명사를 수식하는 말이므로 형용사와 같은 범주에 들어간다고 설명을 하죠.

물론 관사가 명사 앞에 쓰이기는 하지만 명사나 대명사를 꾸며 주는 말이라고 볼 수는 없습니다. 또한 문장을 만들 때에도 I am hungry. 처럼 형용사로 끝낼 수는 있지만 관사로 끝낼 수는 없습니다. 그런데 왜 관사를 별도 품사로 간주하지 않을까요?

이유는 한국에 있는 영문법 책들이 라틴 어의 문법을 기반으로 확립된 오래전 영문법을 기준으로 하기 때문입니다. 라틴 어는 관사가 없거든요.

관사는 형용사가 아니라 한정사다

반면 현대 언어학을 바탕으로 하는 영문법에서는 관사를 형용사의 범주에 넣지 않고 '한정사'라는 별도의 범주에 포함시킵니다. (한정사에 대한 자세한 설명은 〈Lesson 18: 한정사와 수량사〉 참고) 그렇게 분류하면 영어와 한국어 모두 9품사가 되죠. 한국어의 9품사와 영어의 9품사를 비교해 보면 다른 것은 세 가지뿐입니다.

> 한국어 9품사와 영어 9품사와의 단순 명칭 비교표입니다. 이후 품사에 관한 모든 설명은 영어의 9품사에만 적용됩니다.

한국어 9품사	영어 9품사		
동사	동사	verb	의미어
명사	명사	noun	
형용사	형용사	adjective	
부사	부사	adverb	
감탄사	감탄사	interjection	
대명사	대명사	pronoun	기능어
조사	전치사	preposition	
수사	접속사	conjunction	
관형사	한정사	determiner	

영어의 9품사는 감탄사를 중심으로 문장의 의미를 전달하는 데 중요한 역할을 하는 품사와 문장의 문법적 기능을 담당하는 품사로 각각 네 개씩 나뉩니다. 이와 같이 품사를 의미어와 기능어로 나누는 것은 9품사를 외우는 것에도 도움이 되지만 영어를 사용할 때도 여러 가지로 도움이 됩니다.

예를 들어, 흔히 말하는 영어의 리듬은 의미어를 강하게 발음하고 기능어를 약하게 발음함으로써 생기는 것입니다. 책이나 영화 제목을 쓸 때도 의미어와 기능어를 구분해서 쓰죠.

① *Beauty and the Beast* 〈미녀와 야수〉
② *The Lord of the Rings* 〈반지의 제왕〉

제목의 처음과 마지막 단어, 의미어와 대명사는 대문자로 시작한다

위 두 영화의 제목에서 대문자로 시작한 것은 모두 의미어이고 소문자로 쓴 것은 모두 기능어입니다. 기능어인 *The*가 대문자로 쓰인 이유는 제목의 처음과 끝 단어는 무조건 대문자로 시작하기 때문입니다.

또 하나 기억해 두면 좋은 것은, 영화나 소설, 책 등의 제목은 이탤릭으로 쓰고, 노래, 시, 단편 소설, 책의 장chapter과 같이 상대적으로 작은 작품들의 제목은 이탤릭 대신 따옴표를 사용한다는 것입니다.

③ "The Dark Lord Ascending" in *Harry Potter and the Deathly Hallows*
　　1장 제목　　　　　　　　　　〈해리 포터 시리즈〉 중 7편 책 제목

④ "We Wish You a Merry Christmas"

④번에서 대명사 You는 기능어인데 왜 대문자로 쓰였을까요? 제목에서는 의미어 외에 대명사도 대문자로 하기 때문입니다.

새로운 의미어는 생길 수 있지만 새로운 기능어는 생길 수 없다

의미어와 기능어의 또 다른 특징은, 의미어는 새로운 단어가 계속 추가되지만 기능어는 절대 새로운 단어가 추가될 수 없다는 것입니다. 새로운 동사, 명사, 형용사, 부사는 생길 수 있어도 새로운 대명사, 전치사, 접속사, 한정사는 생길 수 없다는 얘기입니다.

새로운 단어가 생기는 이유는 여러 가지가 있겠지만, 가장 큰 이유 중 하나는 기술의 발달로 인한 새로운 발명품 탄생이겠죠. 1900년대 초에 처음 television이라는 명사가 생기고 20년쯤 후에는 televise(텔레비전으로 방송하다)라는 동사가 생기게 되었습니다.

물론 smartphone(스마트폰)이라는 명사도 신조어입니다. 요즘 smartphone이라는 단어를 모르는 사람이 거의 없지만 10년 전에 미

국사람에게 Do you have a smartphone?(너 스마트폰 있어?)이라고 물어봤다면 이상한 눈으로 쳐다보며 No, I have a stupid phone.(아니, 난 멍청한 전화 있어.)이라고 대답했을 것입니다.

언어학의 혁명을 일으킨 Chomsky 교수의 이름에서 Chomskyan (촘스키의)이라는 형용사가 만들어졌고, 줄여서 말하는 것이 유행하면서 as soon as possible(최대한 빨리)을 줄인 ASAP와 24 hours a day and 7 days a week(하루 종일, 일주일 내내(= 항상))를 줄인 24/7이라는 부사가 생기게 되었죠.

⑤ Come home ASAP! 최대한 집에 빨리 와!
　　한 단어 /eisæp/으로 발음됨

⑥ He calls me 24/7. 걘 항상 나한테 전화해.
　　twenty-four seven으로 발음됨

영어의 9품사 중 문법적인 측면에서 가장 쓸모가 없는 것은 감탄사 interjection입니다. 이 책에서도 앞으로는 절대 나오지 않습니다. 동사 interject는 '끼워 넣다'라는 뜻으로, 문장에 포함되지 않고 문장과 문장 사이에 끼워 넣은 Oops! Ouch! Hey! 등은 모두 감탄사라고 할 수 있습니다. 문장의 다른 요소와는 아무 관계없이 끼워 넣은 표현이므로 쓸모가 없다기보다는 문법책에서는 더 이상 할 말이 없는 것이죠.

문장의 요소

문장은 주어와
술부로 나뉘고
동사에 따라 목적어
나 보어를 포함한다

모든 문장은 다음 두 가지의 요소로 이루어져 있습니다.

> 주어subject + 술부predicate (= 주어에 대해 진술하는 부분)

흔히 말하는 영어의 5형식 문장은 다섯 종류의 술부에서 비롯된 것입니다.

	술부	형식	예
주어+	동사	1형식	Money talks. 돈이면 다 돼.
	동사+주격보어	2형식	Talk is cheap. 말은 쉽지.
	동사+목적어	3형식	He likes grammar. 걔는 문법을 좋아해.
	동사+간접목적어+직접목적어	4형식	You gave me hope. 넌 내게 희망을 주었어.
	동사+목적어+목적격보어	5형식	I made him angry. 내가 걔를 화나게 했어.

타동사와 전치사
만이 목적어를
취할 수 있다

위의 표에서 알 수 있듯이 문장의 형식을 결정하는 가장 중요한 것은 동사입니다. 동사의 종류에 따라 목적어object가 올 수도 있고 보어complement가 올 수도 있기 때문이죠. (각 형식에 사용되는 동사에 대한 자세한 설명은 〈Lesson 5: 동사의 종류〉 참고) 우선은 **영어에서 목적어를 취할 수 있는 것은 타동사와 전치사**라는 것만 기억하면 좋겠습니다.

동사를 제외한 나머지 세 가지 문장요소 '주어, 목적어, 보어'는 모두 명사와 관련된 것(명사, 대명사, 명사구, 명사절)으로 채워질 수 있죠.

보어는 주격·목적격으로 나뉘고 주로 형용사나 명사가 사용된다

보어는 주격보어와 목적격보어로 나뉩니다. 말 그대로 주어와 목적어를 보충해 주는 말이라는 뜻이죠. 보어 자리에는 명사 외에 형용사가 사용될 수 있습니다.

①-1 I am happy. 난 행복해.
　　　　　형용사 주격보어

①-2 My uncle is a teacher. 내 삼촌은 선생님이시다.
　　　　　　　　명사 주격보어

②-1 I made her sad. 내가 그녀를 슬프게 만들었어.
　　　　　　　형용사 목적격보어

②-2 My students make me a better teacher.
　　　　　　　　　　　　　　　명사 목적격보어
내 학생들이 나를 더 나은 선생님으로 만든다.

sad와 a better teacher가 목적격보어인 이유는 ②-1에서 슬픈 사람은 주어인 I가 아니라 목적어인 her이고, ②-2에서 더 나은 선생님이 된 것은 주어인 My students가 아니라 목적어인 me이기 때문입니다.

이것만은 확실히!

1. 영어는 **9품사**로 이뤄져 있고 관사는 한정사의 한 종류이다.
2. 제목의 처음과 마지막 단어 그리고 의미어와 대명사는 대문자로 시작하고 나머지는 소문자로 쓴다.
3. 문장은 **주어와 술부**로 이뤄져 있고 술부에서 가장 중요한 것은 동사이다.
4. 타동사와 전치사만이 목적어를 취할 수 있다.
5. 보어는 주격·목적격으로 나뉘고 형용사나 명사가 사용된다.

Grammar Upgrade

'여기 사람 백만 명이야.' 또는 '어중이떠중이 다 왔네.'와 비슷한 뜻으로 영어에는 다음과 같은 표현이 있습니다.

ⓐ Everybody and their brother came.

그런데 자세히 보면 위 표현은 문법적으로 틀린 것이 있습니다. every는 all과는 달리 단수로 취급되기 때문에 ⓑ처럼 their를 his or her로 표현해야 하는데, 그렇게 되면 간결한 맛이 없어집니다. (사실 남녀평등주의feminism가 확산되기 전인 1960년대까지만 해도 everybody는 주로 he와 his로만 표현했습니다.)

ⓑ Everybody and his or her brother came.

그래서 일반 구어체에서는 everybody를 he or she 또는 his or her로 표현하지 않고 ⓐ처럼 they와 their로 받습니다. 요즘은 문어체에서도 그런 추세로 변하고 있고요. 하지만 문법적으로 틀린 것을 격식을 갖춘 글에서 사용하기에는 아직 좀 무리가 있습니다.

그래서 한 학자가 묘수를 내놓았습니다. he와 she를 합친 중성 대명사 e를 사용하자는 것이었지요.[1] 모든 사람이 논리적인 해결책이라는 것에는 동의를 했지만 아무도 e를 대명사로 사용하지는 않습니다. 새로운 의미어는 만들 수 있어도 새로운 기능어는 만들 수 없다는 것을 보여준 좋은 예이지요.

구, 절, 문장
Phrase, Clause, & Sentence

이런 말, 영어로 할 수 있나요?
ⓐ 내 연구실 안은 항상 너무 춥다.
ⓑ 난 집에 왔을 때 완전 지쳐 있었다.
ⓒ 나는 너무 피곤해서 일찍 잤다.

정답 ⓐ는 A의 ②번, ⓑ는 B의 ①번, ⓒ는 C의 ③번 문장을 보세요.

구, 절, 문장의 차이를 아는 것은 문장의 요소와 함께 기본적이고 중요한 개념입니다. 간단히 말해 단어word가 모여서 구phrase가 되고 구가 모여서 절clause이 되고 절이 모여 문장sentence이 되고 문장이 모여 담화discourse가 된다고 할 수 있습니다. 하지만 구, 절, 문장으로 갈수록 꼭 단어 수가 많아지는 것은 아닙니다. Go!와 같이 단어 하나로 이뤄진 문장(명령문)도 있으니까요.

단어 〈 구 〈 절 〈 문장 〈 담화

구의 종류

구는 형태와 역할에 따라 다르게 나뉠 수 있다

구를 나누는 방법은 두 종류가 있습니다. 형태form에 따라 나누는 방법과 역할use에 따라 나누는 방법이죠.

형태	역할
명사구	형용사구
동사구	부사구
전치사구	-

명사구, 동사구, 전치사구는 형태에 따라 분류한 것이므로 각각 명사, 동사, 전치사를 항상 포함하고 있습니다.

① My cousin in China wants to sell his big house.
　　명사구　　전치사구　　동사구　　　　　명사구
중국에 있는 내 사촌이 그의 큰 집을 팔기를 원한다.

반면에 형용사구와 부사구는 역할에 따라 분류한 것이므로 형용사나 부사를 포함할 필요가 없습니다. 예를 들어, in China를 ①에서는 전치사구라고 했지만 My cousin을 꾸며 주는 역할을 하므로 형용사구라고 부를 수도 있죠.

> 명사를 꾸미는 것은 형용사구, 동사를 꾸미는 것은 부사구

②에서와 같이 전치사구가 전체 문장이나 동사를 꾸며 주는 역할을 할 때는 부사구라고 합니다.

② It's always too cold in my office. 내 연구실 안은 항상 너무 춥다.
　　　　　　　　　부사구(역할을 하는 전치사구)

형용사구와 부사구라는 용어는 ①, ②에서와 같이 전치사구가 명사를 꾸미는지 동사를 꾸미는지를 구분할 때 사용됩니다. 하지만 ③처럼 명사구가 부사구 역할을 할 수도 있습니다.

③ He went to Spain last week. 그는 지난주에 스페인에 갔다.
　　　　　　　　부사구(역할을 하는 명사구)

많은 문법책들이 형용사구와 부사구의 차이점을 자세히 설명하고 있

지만, 사실 in China나 in my office와 같은 전치사구의 뜻을 제대로 이해하면 될 뿐, 이것들이 명사를 꾸며 주는지 동사나 문장을 꾸며 주는지를 구분해서 형용사구와 부사구로 나누는 것 자체에 큰 의미가 없습니다.

B 절의 종류

구의 종류와 달리 절의 종류를 구분하는 것은 아주 중요합니다. 절의 종류를 구분하는 것도 중요하고 절과 문장의 차이점을 이해하는 것도 중요하죠.

> ▷ 독립절 = 주어 + 동사 + 완전한 생각
> ▷ 비독립절 = 주어 + 동사 + ~~완전한 생각~~
>   └ 부사절 · 명사절 · 형용사절

절은 완전한 생각의 유무에 따라 독립절과 비독립절로 나뉜다

절이 구와 다른 점은 주어와 동사가 모두 있다는 것입니다. 그리고 '완전한 생각'의 유무에 따라 독립절 independent clause과 비독립절 dependent clause로 나뉘죠. 비독립절(= 종속절)은 다시 부사절, 명사절, 형용사절로 나뉩니다.

① I was exhausted <u>when I got home</u>. 난 집에 왔을 때 완전 지쳐 있었다.
　　　　　　　　　　부사절

② I don't know <u>whether that's true or not</u>. 그게 사실인지 아닌지 모른다.
　　　　　　　명사절

③ I didn't like the movie that I saw last week.
<u>   </u>
                                형용사절
난 지난주에 본 영화를 좋아하지 않았다.

비독립절은 부사절, 명사절, 형용사절로 나뉜다

부사절, 명사절, 형용사절은 역할에 따라 분류한 것입니다. ①에서는 when I got home이 독립절 I was exhausted를 전체적으로 꾸며 주는 부사 역할을 하기 때문에 부사절이고, ②에서는 whether that's true or not이 동사 know의 목적어 자리에 명사 역할을 하므로 명사절입니다. 그리고 ③에서는 that I saw last week가 명사 the movie를 꾸며 주는 형용사 역할을 하므로 형용사절이라고 하는 것이죠.

형용사절을 관계사절이라고 부르는 이유는 **형용사절을 만들기 위해서는 항상 관계대명사 또는 관계부사를 사용해야 하기 때문입니다**. 관계사절은 형태에 따라 분류한 명칭이죠. 그럼 부사절과 명사절은 어떻게 만들까요? 형용사절과 달리 **부사절과 명사절은 종속 접속사를 사용하여 만듭니다**. 부사절과 명사절을 이끄는 종속 접속사는 다음과 같습니다.

▶ 부사절 종속 접속사:
after, before, when, while, until, because, since, as, although, whereas, if, unless 등

▶ 명사절 종속 접속사:
whether, if, that

C 문장의 종류

문장은 '주어+동사+완전한 생각'으로 이루어져 있다

독립절과 문장은 둘 다 '주어+동사+완전한 생각'으로 이루어져 있습니다. 그런데 왜 명칭이 다를까요?

① I was exhausted. 난 완전 지쳐 있었다.
   <u>문장</u>

② I was exhausted when I got home. 난 집에 왔을 때 완전 지쳐 있었다.
   <u>독립절</u>

똑같은 구조라도 ①과 같이 단독으로 사용되었을 때는 문장이라고 불리고 ②와 같이 비독립절과 함께 쓰여 문장의 한 부분이 되었을 때는 독립절이라고 불립니다. 똑같은 사람이 빨간 마스크를 쓰고 악당을 무찌르면 Spiderman으로 불리고 학생 복장으로 다니면 Peter Parker로 불리는 것과 같은 이치입니다.

문장은 단문, 중문, 복문으로 나뉜다

①과 ②는 따져보면 같은 종류의 문장이 아닙니다. 문장은 다음 세 종류로 나뉠 수 있습니다.

> 단문 simple sentence   중문 compound sentence   복문 complex sentence

단문은 ①과 같이 주어와 동사가 하나씩 있는 문장입니다. 중문의 '중'은 '무거울 중(重)'이므로 두 독립절(단문)이 합쳐져 무거워진 문장이라는 뜻입니다. 복문은 말 그대로 비독립절을 포함하여 복잡해진 문장이라는 뜻입니다. ②는 비독립절의 한 종류인 부사절을 포함하고 있으므로 복문입니다.

그럼 두 독립절은 어떻게 합쳐서 중문으로 만들까요? 접속사를 사용해서 연결하면 되겠죠.

③ I was exhausted, so I went to sleep early.
나는 너무 피곤해서 일찍 잤다.

7개의 등위 접속사를 FANBOYS 라고 한다

so와 같이 동등한 두 독립절을 연결해 주는 접속사를 등위 접속사라고 합니다. 종속 접속사와 달리 등위 접속사는 딱 7개밖에 없습니다. 앞 글자를 따서 FANBOYS라고 하죠.

> ▶ 등위 접속사 :
> For, And, Nor, But, Or, Yet, So (FANBOYS)

and, but, or, so는 등위 접속사로 잘 알려져 있지만 for, nor, yet가 접속사로 어떻게 쓰이는지를 잘 모르는 학생들이 많습니다.

④ Let us eat and drink, for tomorrow we shall die. (Isaiah 22:13)
내일이면 죽을 테니 먹고 마시게 하소서. (이사야서 22장 13절)

for는 주로 전치사로 쓰입니다. ④처럼 because를 대신하는 등위 접속사로 쓰이는 경우는 흔하지 않죠. 격식 있는 문어체에서나 접할 수 있는 용법입니다. 일상대화에서는 절대 쓰이지 않는다고 해도 과언이 아닙니다. for를 접속사로 쓰는 순간 ④와 같은 성경구절의 느낌을 주기 때문이죠.

⑤-1 I didn't want to talk to him, nor did I need to.
나는 그와 말하고 싶지 않았고 말할 필요도 없었다.

⑤-2 I didn't want to talk to him, and I didn't need to.

nor의 특이한 점은 다른 등위 접속사와 달리 부정의 의미가 있다는 것입니다. 문두에 부정어가 나오면 그 문장은 의문문과 같은 구조로 바꿔야 합니다. (〈Lesson 25: B. 도치〉참고) 그래서 ⑤-1에서는 nor I needed to가 아니라 nor did I need to가 된 것이죠. nor는 ⑤-2와 같이 and ... not으로 바꿀 수도 있습니다.

⑥ I wanted to help her, (and) yet she didn't even want to talk to me. 나는 그녀를 도와주고 싶었지만 그녀는 나와 말을 하기도 싫어했다.

yet은 흔히 I haven't met him yet.(나는 아직 그를 만나 보지 못했어.)과 같이 '아직'이라는 뜻의 부사로 쓰이죠. 하지만 등위 접속사로 쓰인 yet은 '그럼에도 불구하고'라는 뜻을 가지고 있습니다. 구어체에서는 ⑥과 같이 and yet으로 쓰기도 하지만 and는 불필요하므로 문어체에서는 yet만 사용하는 것이 좋습니다.

유유상종, 좋은 것은 좋은 것끼리 모이고 나쁜 것은 나쁜 것끼리 모인다

중문과 복문의 차이점은 '유유상종(Birds of a feather flock together.)'이라는 개념으로 정리할 수 있습니다.

좋은 것들	나쁜 것들
등위접속사	종속접속사
독립절	비독립절
중문	복문

'등위'는 동일하다는 뜻이고, '종속'은 어디 밑에 딸려 붙는다는 뜻이므로 등위 접속사가 종속 접속사보다 좋다고 할 수 있습니다. 독립 independent이 비독립dependent보다 좋다는 것은 당연한 이치죠. 복잡한 복문보다는 중문이 느낌이 좋습니다.

종속 접속사를 사용하면 비독립절이 되고, 비독립절을 포함하면 항상 복문이 됩니다. 그리고 중문은 두 개의 독립절을 등위 접속사로 연결한 것이니 결국 끼리끼리 모인다는 말이 틀린 것은 아니죠.

이것만은 확실히!

1. 전치사구는 역할에 따라 형용사구 또는 부사구로 사용될 수 있다.

2. 절은 완전한 생각의 유무에 따라 독립절과 비독립절로 나뉜다.
   ▶ 독립절 = 주어+동사+완전한 생각
   ▶ 비독립절 = 주어+동사+~~완전한 생각~~
      └ 부사절 · 명사절 · 형용사절

3. 7개의 등위 접속사 = FANBOYS (For, And, Nor, But, Or, Yet, So)

4. 유유상종: Good 독립절+등위 접속사+독립절 = 중문
             Bad 종속 접속사 → 비독립절 → 복문

Grammar Upgrade

다음 문장은 어떤 종류의 문장일까요?

I was exhausted when I got home, so I went to sleep early.
집에 왔을 때 난 너무 피곤해서 일찍 잤다.

위 문장은 복문(I was exhausted when I got home)에 등위 접속사 so를 사용하여 독립절(I went to sleep early)을 연결하였으므로 중복문 compound-complex sentence이라고 합니다. 그러면 문장 종류는 앞에서 설명한 단문, 중문, 복문, 그리고 중복문까지 총 네 가지가 되겠네요.

'독립절independent clause'이라는 말이 다소 생소하게 느껴지겠지만 외국 문법책에서는 자주 쓰이는 표현입니다. '주절'이라는 용어 대신 독립절이라는 용어를 사용하는 이유는 종속절 없이 주절 두 개만을 접속사로 연결한 것을 중문이라고 하는 것은 이상하기 때문이죠.

구두점
Punctuation Marks

이런 말, 영어로 할 수 있나요?
ⓐ 나는 사과를 좋아하고 내 동생은 오렌지를 좋아한다.
ⓑ 나는 어떤 문법책도 좋아하지 않았는데 이 책은 좋아한다.
ⓒ 그의 마음속에는 오직 한 가지만 있었는데 그것은 바로 복수였다.

정답 ⓐ는 A의 ②번, ⓑ는 B의 ①-2번, ⓒ는 C의 ②번 문장을 보세요.

영문법에서 꼭 배워야 할 것 중 하나는 구두점의 올바른 사용법입니다. 특히 한국어에서는 사용되지 않는 세미콜론(;)과 콜론(:)의 사용법은 꼭 공부해야 하죠. (구두점의 용법은 〈Writing 절대 매뉴얼-입문편〉에서 더욱 자세히 알아볼 수 있습니다.)

A 쉼표의 사용법

다음 두 문장을 봅시다. 왜 ①-1에서는 because 앞에 쉼표가 없는데 ①-2에서는 because 앞에 쉼표가 사용되었을까요?[2]

–1 My friend was fired because he didn't come to work on time. 내 친구는 정시에 출근을 하지 않아서 해고되었다.

①–2 My friend was probably fired, because I don't see him anywhere. 어디에도 안 보이는 걸 보니 내 친구는 아마 해고된 것 같다.

이유는 because의 뜻이 다르기 때문입니다. ①-1에서 because는

'~ 때문에'라는 뜻의 종속 접속사로 사용되었습니다. 반면 ①-2에서는 '~니까'라는 뜻의 등위 접속사 for 대신 사용된 것입니다. for를 사용하지 않는 이유는 성경책같이 들리지 않기 위해서죠. (〈Lesson 2: C. 문장의 종류〉 참고)

두 독립절을 연결하는 등위 접속사 앞의 쉼표

두 독립절을 연결하는 등위 접속사 앞에는 ②처럼 쉼표를 사용해야 합니다. 등위 접속사 다음에 나오는 것이 단어나 구가 아닌 독립절이라는 것을 나타내기 위해서죠.

② I like apples, and my brother likes oranges.
나는 사과를 좋아하고 내 동생은 오렌지를 좋아한다.

③-1과 같이 등위 접속사가 두 단어를 연결할 때는 쉼표를 사용하지 않습니다. 대신 ③-2와 같이 세 개 이상의 단어 또는 구가 연결되어 있을 때는 쉼표를 사용하죠. 이때 마지막 쉼표는 생략해도 됩니다.

③-1 I like apples and oranges.
나는 사과와 오렌지를 좋아한다.

③-2 I like apples, oranges(,) and bananas.
나는 사과와 오렌지, 바나나를 좋아한다.

문두에 위치한 부사절과 독립절 사이의 쉼표

종속 접속사 because는 부사절을 이끕니다. 부사절은 부사 역할을 하는 절이므로 일반 부사와 마찬가지로 문장 앞으로 옮겨질 수 있죠. 부사절이 문두에 사용될 때에는 ④-1과 같이 부사절과 독립절 사이에 쉼표를 사용해야 합니다.

④-1 Because he didn't come to work on time, my friend was fired. 내 친구는 정시에 출근을 하지 않아서 해고되었다.

반면에 ④-2처럼 등위 접속사 for가 이끄는 절은 문두에 사용될 수 없습니다.

④-2　*For I don't see him anywhere, my friend was probably fired. 어디에도 안 보이는 걸 보니 내 친구는 아마 해고된 것 같다.

I like apples, and my brother likes bananas.를 And my brother likes bananas, I like apples.로 바꿀 수 없는 것과 같은 이치입니다.

B 세미콜론의 사용법

세미콜론을 쓰려면 등위 접속사와 접속 부사를 구분해야 한다

①-1과 ①-2의 뜻은 똑같습니다. 그런데 왜 ①-1에서는 쉼표를 쓰고 ①-2에서는 세미콜론(;)을 썼을까요?

①-1　I never liked any grammar books, but I like this one.
　　　나는 어떤 문법책도 좋아하지 않았는데 이 책은 좋아한다.

①-2　I never liked any grammar books; however, I like this one.
　　　나는 어떤 문법책도 좋아하지 않았는데 이 책은 좋아한다.

이유는 but은 등위 접속사이고 however는 접속 부사이기 때문입니다. 부사는 두 독립절을 연결할 수 없기 때문에 however 앞에 세미콜론을 사용해서 I never liked any grammar books.와 I like this one.을 연결한 거죠.

실제로 원어민 중에도 but과 however의 문법적인 차이는 모르고 however가 but보다 그냥 좀 더 있어 보이는 표현이라고만 알고 있는 원어민도 많습니다. 그래서 ②와 같은 오류를 자주 범하죠.

②　*I never liked any grammar books, however I like this one.

And나 But 뒤에는 쉼표를 찍지 않는다

반면 한국 학생들이 더 자주 범하는 오류는 ③-1입니다.

③-1 I never liked any grammar books. *But, I like this one.

but은 부사가 아닌 접속사이기 때문에 ③-1처럼 사용될 수 없습니다. 그래서 문장을 And와 But으로 시작하면 안 된다는 규칙이 있죠. 그런데 영어책을 읽다 보면 And나 But으로 시작하는 문장을 심심찮게 보게 됩니다.

대화체를 옮긴 소설이거나 중문으로 만들었을 때 너무 길어지는 것을 막기 위해 끊어서 표현하는 경우가 그렇죠. 하지만 And나 But으로 시작하더라도 절대 ③-1과 같이 쉼표를 사용하는 경우는 없습니다. 부사가 아니기 때문이죠.

however는 문장의 여러 곳에 위치할 수 있다

반면에 However는 부사이기 때문에 ③-2와 같이 문두에 사용될 수 있습니다.

③-2 I never liked any grammar books. However, I like this one.

그리고 문두에 사용된 부사절 다음에는 쉼표를 찍는 것처럼 문두에 사용된 However 다음에도 쉼표가 사용됩니다. however는 부사이므로 ④처럼 문미에도 쓰일 수 있습니다.

④-1 I never liked any grammar books. I like this one, however.
④-2 I never liked any grammar books; I like this one, however.

however가 문미에 사용될 때도 ④-1처럼 두 문장으로 끊을 수도 있고, ④-2처럼 세미콜론을 사용하여 한 문장(중문)으로 연결할 수도 있습니다. 결국 however의 유무와 상관없이 세미콜론만으로 두 문장의 연결이 가능하다는 말이죠.

세미콜론은 두 개의 독립절을 연결해 준다

기본적으로 세미콜론은 중문에서 쉼표와 등위 접속사를 대신한다고 생각하면 됩니다. ⑤와 같이 세미콜론만으로 연결되었을 때는 간결한 맛을 살려 주고, however와 같은 접속 부사가 사용되었을 때는 두 문장의 관계를 정확히 서술해 주는 것이지요.

⑤ I never liked any grammar books; I like this one.

⑥-1과 ⑥-2처럼 두 절의 주어가 다를 때는 however가 주어와 동사 사이에 올 수도 있습니다.

⑥-1 I never liked grammar books. My brother, however, always loved them.
_{난 문법책을 좋아하지 않았지만 내 동생은 항상 문법책을 좋아했다.}

⑥-2 I never liked grammar books; my brother, however, always loved them.

결국 세미콜론을 제대로 사용하려면 등위 접속사와 접속 부사를 구분해서 외우는 것이 가장 중요하겠죠. 아래 표는 일곱 개의 등위접속사 FANBOYS와 비슷한 뜻을 가지고 있는 접속 부사를 함께 정리한 것입니다.

(등위) 접속사	(접속) 부사
for	—
and	moreover, furthermore, besides
nor	—
but	however
or	otherwise
yet	nevertheless, nonetheless
so	thus, therefore, hence, consequently

C 콜론의 사용법

콜론 뒤에 나오는 것은 콜론 앞에 있는 문장을 설명해 준다

콜론의 기본적인 용법은 **콜론 뒤에 나오는 것이 콜론 앞에 있는 문장을 설명해 주는 것**입니다.

① Faith is like love: It cannot be forced.[3]
   믿음은 강요될 수 없다는 점에서 사랑과 같다.

Faith is like love.(믿음은 사랑과 같다.) 이 문장은 뭔가 있어 보이는 말인 것 같지만 뜻이 명확하지가 않습니다. 이 애매모호한 문장을 콜론 뒤에 나오는 문장 It cannot be forced.(믿음은 강요될 수 없다.)가 설명을 해줍니다. 콜론 다음에는 ②와 같이 단어가 올 수도 있습니다.

② There was only one thing on his mind: revenge.
   복수, 그것만이 그의 마음속에 있는 단 한 가지였다.

콜론 뒤에는 문장 외에 절, 구, 단어도 올 수 있다

세미콜론은 기본적으로 앞과 뒤에 모두 문장이 사용되어야 하지만 **콜론 뒤에는 문장, 절, 구, 단어 모든 것이 올 수 있습니다**. 중요한 것은 **콜론 앞에는 항상 문장**이 사용되어야 한다는 것이지요.

가장 흔히 쓰이는 콜론의 용법은 ③과 같이 목록을 동반하는 것입니다. 물론 이것도 콜론 뒤에 오는 것이 콜론 앞의 문장을 설명한다고 할 수 있죠.

③ You need to bring the following to the exam: a calculator, a black pen, and most importantly your brain.
   네가 시험에 가져와야 할 것은 다음과 같은데, 그것들은 계산기, 검은 펜, 그리고 가장 중요한 너의 머리다.

그런데 콜론은 왜 사용할까요? 생각해 보면 꼭 필요한 것도 아닙니다. 콜론을 사용하지 않으면 사실 더 간결한 문장이 되죠.

④ Like love, faith cannot be forced.
사랑과 같이 믿음은 강요될 수 없다.

⑤ Revenge was the only thing on his mind.
그의 마음속엔 복수뿐이었다.

⑥ You need to bring a calculator, a black pen, and most importantly your brain to the exam.
너는 시험에 계산기, 검은 펜, 그리고 가장 중요한 너의 머리를 가져와야 한다.

콜론은 문장의 세련미를 살리기 위해 사용된다

똑같은 뜻을 전달할 수는 있지만, 콜론을 사용하지 않으면 문장의 세련미elegance가 사라지고 맙니다. ①, ②에 콜론이 없다면 문장 자체의 긴장감suspense이 사라지고, ③에서 콜론이 없다면 목록이 뒤에 오는 깔끔함이 사라질 겁니다.

영문법을 공부하면서 가장 중요한 것 중의 하나는 구어체에 사용되는 문법과 문어체에 사용되는 문법을 구분하여 공부하는 것입니다. 문어체에만 사용되는 문법이 따로 있는 이유는 영어 에세이에서 다음 세 가지가 중요하기 때문입니다.

| 간결성Brevity | 명확성Clarity | 세련미Elegance |

문장을 간결하게 하기 위해 멀쩡한 부사절을 분사구문으로 줄이기도 하고, 세련미를 높이기 위해 콜론과 같은 구두점을 사용하기도 하죠. 자신의 뜻을 명확하게 전달하기 위해 같은 말을 되풀이하게 되면 간결성과 세련미를 잃게 됩니다.

반면에 **구어체의 특징은 공손함**politeness이라고 할 수 있습니다. 문어체의 간결함과는 달리 가끔 필요 이상으로 장황하게 말을 하는 이유는 공손함을 표현하기 위해서이죠.

 이것만은 확실히!

1. 두 독립절을 연결하는 등위 접속사 앞에는 쉼표를 사용한다.
   ▷ 중문 = 독립절+쉼표+등위 접속사+독립절
   I like apples, and my brother likes oranges.

2. 문두에 위치한 부사절과 독립절 사이에 쉼표를 사용한다.
   ▷ 부사절 복문 = 부사절+쉼표+독립절
   Because he didn't come to work on time, my friend was fired.

3. 접속 부사는 두 독립절을 연결할 수 없으므로 세미콜론을 사용한다.
   I never liked any grammar books; however, I like this one.

4. 콜론 뒤에 나오는 것은 콜론 앞에 있는 문장을 설명해 준다.
   There was only one thing on his mind: revenge.

Grammar Upgrade

아래 네 문장 중에서 yet와 nevertheless가 들어가기에 가장 적절한 문장은 각각 무엇일까요?

ⓐ Sam likes music, _____ he doesn't like to play sports.

ⓑ Sam likes music, _____ he doesn't like to play the piano.

ⓒ Sam likes music; _____ , he doesn't like to play sports.

ⓓ Sam likes music; _____ , he doesn't like to play the piano.

ⓐ와 ⓑ는 쉼표로 이어져 있으니 등위 접속사가 필요하고 ⓒ와 ⓓ는 세미콜론으로 연결되어 있으니 접속 부사가 필요합니다.

등위 접속사 but과 접속 부사 however는 '그러나', '하지만'이라는 뜻을 가지고 있으므로 대조 관계가 있는 문장은 모두 연결할 수 있습니다. 반면 등위접속사 yet과 접속부사 nevertheless는 '그럼에도 불구하고'라는 뜻을 가지고 있으므로 반전이 없는 대조 관계에서는 잘 사용되지 않습니다.

'샘은 음악은 좋아하지만 스포츠는 좋아하지 않는다.'의 뜻을 가진 ⓐ, ⓒ에는 반전이 없습니다. 음악을 좋아하는 것과 스포츠를 좋아하는 것은 아무 관계가 없기 때문이죠. 반면 '샘은 음악을 좋아하지만 피아노 치는 것은 좋아하지 않는다.'의 뜻을 지닌 ⓑ, ⓓ에는 반전이 있습니다. 음악을 좋아하면 피아노 치는 것도 좋아할 것이라고 예상할 수 있는데 샘은 그렇지 않기 때문이죠.

'그럼에도 불구하고'를 넣어서 해석을 해 보면 왜 yet과 nevertheless가 각각 ⓐ와 ⓒ에 쓰이기에 어색한지 잘 알 수 있습니다. '샘은 음악을 좋아한다. 그럼에도 불구하고 스포츠는 좋아하지 않는다.'라는 말은 어색한 면이 있습니다. 그래서 yet이 쓰이기 가장 적절한 문장은 ⓑ가 되고 nevertheless가 쓰이기 가장 적절한 문장은 ⓓ가 되죠.

반전의 유무를 따지기 귀찮으면 그냥 but과 however를 쓰면 됩니다. 모든 대조 상황에서는 but과 however를 쓸 수 있으니까요. 하지만 but과 yet은 등위 접속사, however와 nevertheless는 접속부사라는 것은 꼭 기억해야 합니다.

공손함 표현하기
Expressing Politeness

> 이런 말, 영어로 할 수 있나요?
> ⓐ 제 성적에 관해 교수님과 말씀을 나누고 싶습니다.
> ⓑ 그가 어디에 갔는지 궁금해.
> ⓒ 저를 도와주실 수 있을지 모르겠습니다.
>
> 정답 ⓐ는 A의 ①-2번, ⓑ는 B의 ②-2번, ⓒ는 ⑤번 문장을 보세요.

우리말과 달리 영어에는 존댓말이 없습니다. 누구에게나 you를 사용하고 '자다'와 '주무시다' 모두 to sleep으로 표현하기 때문이죠. 하지만 경어가 없다고 해서 상대방의 지위에 관계없이 똑같은 표현으로 대화를 하는 것은 아닙니다. 한국어와 마찬가지로 영어도 누구와 대화를 하느냐에 따라 공손함을 달리 표현하죠.

과거시제를 사용하여 공손한 표현 만들기

학생들이 영어로 보내는 이메일 중에 간혹 저를 당혹스럽게 하는 문장이 있습니다.

①-1 I want to talk to you about my grade.
       현재형

학생의 의도는 아마도 ⓐ였을 것입니다. 하지만 ①-1의 말투는 ⓑ에 가깝죠.

ⓐ 제 성적에 관해 교수님과 말씀을 나누고 싶습니다.
ⓑ 내 성적에 관해 너와 말을 하고 싶어.

현재시제를 과거로 바꾸면 공손한 표현이 된다

물론 영어에는 경어가 없기 때문에 ①-1에서 경어를 사용하여 공손함을 표현할 수는 없습니다. 그런데 want의 시제를 과거로 바꾸면 모든 것이 해결됩니다.[4]

①-2 I wanted to talk to you about my grade.
       과거형

want의 시제를 현재에서 과거로 바꿈으로써 화자는 청자에게 적절한 심리적 거리감을 주게 됩니다. 적절한 심리적 거리감을 준다는 것은 상대방의 심리적 공간을 존중해 주는 의미로 해석되므로 공손한 표현이 되는 것입니다.

상대방과 어느 정도의 신체적 공간을 두지 않고 대화를 하면 불쾌감을 느끼게 되는 것처럼 때에 따라서는 심리적인 거리도 필요합니다. 그렇지 않으면 무의식중에 자신만의 공간을 침범 당했다고 느끼기 때문이죠.

과거형인 could와 would도 공손한 표현이다

②-1보다 ②-2가 더 공손한 표현이 되는 것도 같은 이유입니다. 과거시제를 사용함으로써 상대방의 심리적 공간을 확보해 주는 것이죠.

②-1 Can I ask you a question? 질문 하나 해도 될까요?
       현재형

②-2 Could I ask you a question? 질문 하나 해도 되겠습니까?
       과거형

단순히 Can보다 Could가 더 공손한 표현이라고 외우는 것이 아니라, 과거형을 쓰면 공손한 표현이 된다는 원리를 배웠다면 학생들이 제게 I want to talk to you about my grade.(내 성적에 관해 너와 말을 하고 싶어.)라는 말투의 메일을 보내지는 않았겠죠. 식당에서 주문할 때 I want 대신 I'd like(= I would like)를 쓰는 이유도 과거형 would를 사용하여 공손하게 말을 하기 위해서입니다.

③-1 **I want a cheeseburger.** 치즈버거 하나 줘.
　　　현재형

③-2 **I'd like a cheeseburger.** 치즈버거 하나 주세요.
　　　과거형

한 가지 예를 더 보겠습니다. 레스토랑에서 웨이터에게 포크를 부탁했을 때 웨이터는 ④-1이 아닌 ④-2로 되물을 겁니다. 그때 의아한 표정을 지으며 No, I need a fork now.라는 황당한 대답을 하지 않으려면 과거형 표현은 공손한 의미라는 것을 알아두어야겠죠.

④-1 **Do you need a fork?** 포크 필요하니?
　　　현재형

④-2 **Did you need a fork?** 포크 필요하신가요?
　　　과거형

B 과거진행형을 사용하여 더 공손한 표현 만들기

단순 과거를 사용했을 때보다 더 공손한 표현을 만들려면 과거진행형을 사용하면 됩니다.

① **I was wondering if I could talk to you about my grade.**
　　= I want to의 아주 공손한 표현

현재시제로 사용된 wonder는 자기 생각을 소리 내어 하는 말이다

동사 wonder를 영한사전에서 찾아보면 보통 '궁금하다'와 '(정중한 부탁·질문에서) ~일지 모르겠다'의 두 가지 뜻이 나옵니다. 이 중 ①에 해당하는 의미는 두 번째이겠죠. 그럼 ②에서 wonder의 뜻은 어떻게 해석될까요?

②-1 I <u>wonder</u> if she can help me. 그녀가 날 도와줄 수 있는지 궁금해.
        현재형

②-2 I <u>wonder</u> where he went. 그가 어디에 갔는지 궁금해.
        현재형

②는 자기 생각을 소리 내어 하는 말입니다. 자기 생각을 자기에게 말하는데 공손하게 표현할 필요는 없으므로 현재시제를 사용한 것이죠. 현재형으로 사용된 wonder는 주로 '궁금하다'로 해석됩니다.

마찬가지로 ③도 '정중한 부탁'이라기보다는 "당신이 저를 도와줄 수 있는지 궁금하네요."라는 식으로 자기 생각을 소리 내어 표현한 것이라고 말할 수 있습니다.

③ I <u>wonder</u> if you can help me.
        현재형

이런 표현은 자기보다 어리거나 사회적 지위가 낮은 사람에게는 괜찮겠지만 그렇지 않은 경우에는 청자가 오히려 기분이 나빠질 수 있는 어투라고 할 수 있습니다.

현재진행형을 사용해도 공손한 표현이 된다

물론 ③도 공손한 표현이라고 느끼는 사람도 있습니다. 하지만 부탁을 하려면 최소한 ④와 같이 현재진행형을 사용하는 것이 좋습니다.

④ I'm <u>wondering</u> if you can help me.
          현재진행형

진행형은 임시적인 상황을 설명할 때 사용되므로 듣는 사람이 심리적인 압박감을 덜 받게 되어 공손한 표현으로 느껴지기 때문이죠.

과거진행형과 could가 함께 사용되면 가장 공손한 표현이 된다

하지만 '정중한 부탁'을 하려면 ⑤처럼 과거 진행형 was wondering과 could를 함께 사용해야 합니다. 과거형과 진행형을 합치면 가장 공손한 표현이 되기 때문이죠.

⑤ I <u>was wondering</u> if you <u>could</u> help me.
　　　　과거진행형　　　　　　과거형
저를 도와주실 수 있으실지 궁금합니다.

 **이것만은 확실히!**

1. 현재시제를 과거시제로 바꾸면 공손한 표현이 된다.
   e.g. I wanted to talk to you about my grade.

2. 과거형인 could와 would는 공손한 표현에 대표적으로 사용된다.
   e.g. Could I ask you a question?

3. 현재시제로 사용된 wonder는 자기 생각을 소리 내어 하는 말이다.
   e.g. I wonder where he went.

4. 과거진행형과 could가 함께 사용되면 가장 공손한 표현이 된다.
   e.g. I was wondering if you could help me.

Grammar Upgrade

다음 문장 중 공손한 표현이 아닌 것은 무엇일까요?

ⓐ Can you open the window?
ⓑ Could you open the window?
ⓒ Will you open the window?
ⓓ Would you open the window?

정답은 ⓒ입니다. Could와 Would는 각각 Can과 Will의 과거형이므로 아주 공손한 표현이지만 Can과 달리 Will은 질문에 사용했을 때 공손한 표현이 되지 않습니다. 공손은커녕 짜증이 났을 때 Will을 주로 사용합니다. Can you open the window?라고 친구에게 몇 번 말을 했는데 들은 척도 하지 않아 짜증이 난 경우 Will you open the window?라고 말을 하죠.

그래서 짜증 난 목소리로 친구에서 '제발 입 좀 다물래?'라고 할 때는 Will을 사용하고 다정한 목소리로 '제발 나 좀 도와줄 수 있겠니?'라고 할 때는 Would를 사용하는 것입니다.

ⓔ **Will** you please shut up? 제발 입 좀 다물래?

ⓕ **Would** you please help me? 제발 나 좀 도와줄 수 있겠니?

PART 2
동사와 관련된 모든 것
Verb-related Stuff

GRAMMAR

Lesson 5	동사의 종류 Verb Types
Lesson 6	법조동사 Modals
Lesson 7	연결동사와 주어 동사 일치 Linking Verbs & S-V Agreement
Lesson 8	시제와 상 I Tense & Aspect I
Lesson 9	시제와 상 II Tense & Aspect II 고급
Lesson 10	준동사(부정사, 동명사, 분사) Verbals: Infinitive, Gerund, & Participle
Lesson 11	조건문 Conditional Sentences
Lesson 12	가정법 Subjunctive Mood
Lesson 13	의문문과 부정문 Interrogative & Negative Sentences
Lesson 14	간접화법과 시간 지시어 Indirect Speech & Time Deixis 고급
Lesson 15	수동태와 중간태 Passive Voice & Middle Voice

Lesson 5

동사의 종류
Verb Types

이런 말, 영어로 할 수 있나요?

ⓐ 내 동생은 사과를 좋아하고 나도 그래.
ⓑ 이 텐트에서는 네 명이 잘 수 있어.
ⓒ 나는 내 모든 책을 그에게 기증했어.

정답 ⓐ는 A의 ⑤-1번, ⓑ는 B의 ⑤-2번, ⓒ는 C의 ②-1번 문장을 보세요.

어느 언어이건 문장의 가장 기본이 되는 것은 동사입니다. 그래서 동사의 종류를 정확히 알고 있는 것이 아주 중요하죠. 영어에서는 기본적으로 다음 네 가지 종류의 동사를 구별하여야 합니다.

Ⓐ 조동사   Ⓑ 연결동사   Ⓒ 자동사   Ⓓ 타동사

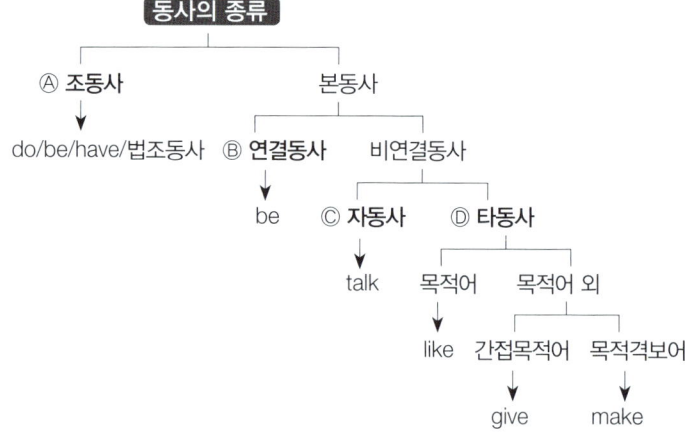

46

A 조동사

조동사는 do, be, have, 법조동사로 나뉜다

영어의 조동사helping 또는 auxiliary verb는 부정, 의문, 강조를 할 때 사용되는 ①do, 수동태와 진행형에 사용되는 ②be, 완료형에 사용되는 ③have, 그리고 can, will, may와 같은 ④법조동사modals 네 가지로 분류됩니다.

①-1 I didn't like it. 부정

①-2 Did you like it? 의문

①-3 I did like it.(= I liked it.) 강조

②-1 This was given to me. 수동태
      이것은 나에게 주어졌다.

②-2 I am watching TV. 현재진행형
      나는 TV를 보고 있다.

②-3 Were you studying? 과거진행형
      공부하고 있었니?

③-1 Have you seen *Iron Man 3*? 현재완료
      <아이언 맨 3> 봤어?

③-2 I hadn't thought of that. 과거완료
      그건 미처 생각 못했어.

④-1 I can do it! 난 할 수 있어!

④-2 I won't go home. 난 집에 안 갈 거야.

④-3 You may come in. 들어와도 됩니다.

조동사는 NICE에 사용된다

이 네 가지의 조동사가 공통적으로 가지고 있는 특성은 NICE로 정리할 수 있습니다. NICE는 Negation(부정), Inversion(의문문의 도치), Code(생략의 암호), Emphasis(강조)의 머리글자로 만들어진 단어입니다.[5]

Negation, Inversion, Emphasis는 각각 부정문을 만들 때는 조동사에 not을 붙이고(Negation), 의문문을 만들 때는 조동사를 도치시키며(Inversion), 문장을 강조할 때는 조동사를 강하게 발음(Emphasis)한다는 뜻입니다.

Code는 ⑤와 같이 문장을 생략할 때 조동사가 전체 동사구를 대표하는 암호로 사용된다는 것을 뜻합니다. (⑤-2, ⑤-3의 어순은 〈Lesson 25: B. 도치〉 참고)

⑤-1   My brother likes apples, and I do too.
          = I like apples
내 동생은 사과를 좋아하고 나도 그래.

⑤-2   She was coughing all night, and so was I.
          = I was coughing all night
그녀는 밤새 기침을 하였고 나도 그랬어.

⑤-3   He hasn't done his homework, and neither have I.
          = I have not done my homework either
그는 그의 숙제를 하지 않았고 나도 아직 안했어.

⑤-4   I will go to China next year, and my brother will too.
          = my brother will go to China next year
나는 내년에 중국에 갈 것이고 내 동생도 그럴 거야.

B 자동사와 타동사

새로운 동사를 배울 때 가장 중요한 것은 그 동사가 자동사intransitive verb=vi인지 타동사transitive verb=vt인지를 구분하는 것입니다. ('불완전 자동사'라고도 불리는 연결동사(linking verb)에 관해서는 〈Lesson 7〉에서 자세히 설명하겠습니다.) 예를 들어 ①은 discuss를 '상의/의논/논의하다'라고만 외운 학생들이 가장 많이 범하는 오류입니다.

①-1 *Let's discuss.

①-2 *Let's discuss about it.

타동사는 반드시 목적어가 필요하다

타동사는 반드시 목적어를 필요로 합니다. discuss는 타동사이므로 목적어 없이 사용될 수 없습니다. 자동사 talk가 목적어를 취하기 위해서는 ②-2처럼 about이 필요하지만, discuss는 타동사이기 때문에 전치사가 필요 없습니다. 그래서 ①-2도 비문이 되는 것이죠.

②-1 Let's talk.

②-2 Let's talk about it.

talk는 주로 자동사로 쓰지만 타동사로도 쓰일 수 있습니다. talk가 타동사로 사용되었을 때는 discuss와 바꿔 쓸 수 있죠.

③-1 Let's talk business. 사업을 논의합시다.

③-2 Let's discuss business. 사업을 논의합시다.

talk, eat, sleep과 같이 자주 쓰이는 동사는 보통 자동사와 타동사로 둘 다 쓰일 수 있습니다.

④-1　Did you eat? 밥 먹었어?

④-2　I ate breakfast. 난 아침 먹었어.

⑤-1　I can't sleep! 잘 수가 없어!

⑤-2　This tent sleeps four (people). 이 텐트에서는 네 명이 잘 수 있어.

자동사는 함께 사용되는 전치사도 함께 외워야 한다

하지만 어려운 동사일수록 자동사나 타동사 한 가지로만 쓰일 확률이 높아지니 새로운 동사를 배울 때는 꼭 사전에서 자동사인지 타동사인지를 확인해야 합니다. 그리고 자동사일 경우, ⑥처럼 함께 사용되는 전치사도 꼭 확인해야 하죠.

⑥-1　I don't want to intervene in (= interfere in) his affairs.
　　　나는 그 사람 일에 개입하고 싶지 않아.

⑥-2　Please don't interfere with my work.
　　　제발 내 일을 방해하지 말아 줘.

intervene와 interfere는 뜻이 비슷하고 자동사로만 쓰인다는 공통점이 있지만 interfere는 in, with와 모두 사용될 수 있고 intervene은 in만 함께 쓰일 수 있습니다.

C 두 개의 목적어를 취하는 타동사

give는 간접목적어와 직접목적어를 취할 수 있다

타동사 중에는 목적어와 함께 또 다른 목적어(간접목적어)를 취하는 동사도 있고 목적격 보어를 취하는 동사도 있습니다. (목적격 보어에 관한 설명은 〈Lesson 1: B. 문장의 요소〉 참고) 두 개의 목적어를 취하는 대표적인 동사는 give입니다. '나는 내 모든 책을 그에게 주었다.'를 영어로 하면 다음의 두 가지 형태의 문장이 가능합니다.

①-1 I gave all my books to him.
           gave의 목적어   to의 목적어

①-2 I gave him all my books.
           간·목   직·목

①-1의 경우, 동사의 목적어는 동사 뒤에 있고 전치사의 목적어는 전치사 뒤에 있는 평범한 구조입니다. 하지만 ①-2의 경우는 전치사 to를 삭제하고 him을 동사의 목적어 자리에 두었습니다. 대신 동사의 목적어인 all my books는 뒤로 빠졌죠.

이 구조에서 him은 간접목적어, all my books는 직접목적어라고 부릅니다. 우리말로 해석했을 때 '~을'이 붙는 것을 직접목적어라고 하고 '~에게'가 붙는 것을 간접목적어라고 하는 것이죠.

donate은 간접목적어를 취할 수 없다

그런데 '주다'라는 비슷한 의미를 가진 동사인데도 give와 달리 donate은 두 개의 목적어를 취할 수 없습니다.

②-1 I donated all my books to him.
            나는 내 모든 책을 그에게 기증했어.

②-2 *I donated him all my books.

목적어를 두 개 취할 수 있는 동사는 give나 tell, sell, show, teach와 같이 쉽고 흔히 사용되는 동사들입니다. 라틴 어에서 유래된 donate, explain, recommend, introduce, describe 등의 어려운 동사들은 두 개의 목적어를 취할 수 없죠.

bet은 간접목적어 대신 전치사구를 취할 수 없다

그리고 bet, fine, spare, allow처럼 간접목적어를 대신하는 전치사구를 취할 수 없는 동사도 있습니다.

③-1 *I bet $10 to you that he can't dance.
       걔가 몸치라는 것에 10불 건다.

③-2 I bet you $10 that he can't dance.

이것만은 확실히!

1. 조동사는 do, be, have, 법조동사로 나뉘고 NICE(부정, 도치, 생략, 강조)에 사용된다.

    e.g. I didn't like it.   Did you like it?
         부정   도치

         My brother likes apples, and I do too.   I did like it.
                                    생략   강조

2. discuss는 타동사이므로 목적어가 필요하다.

    e.g. Let's discuss it.   *Let's discuss about it.   *Let's discuss.

3. 자동사는 함께 사용되는 전치사도 꼭 함께 외워야 한다.

    e.g. Please don't interfere with my work.

4. 두 개의 목적어를 취하는 동사는 두 가지 형태의 문장이 가능하다.

    e.g. I gave all my books to him.   I gave him all my books.

5. 간접목적어를 취할 수 없는 동사도 있고, 간접목적어 대신 전치사구를 취할 수 없는 동사도 있다.

    e.g. I donated all my books to him.   *I donated him all my books.
         *I bet $10 to you he can't dance. I bet you $10 he can't dance.

Grammar Upgrade

다음 두 문장의 차이점은 무엇일까요?

ⓐ I bought this book for him.
ⓑ I bought him this book.

ⓐ는 단순히 '나는 이 책을 그를 위해 샀다.'라는 뜻입니다. '나는 이 책을 그에게 사 주었다.'라는 뜻은 ⓑ에만 있죠. 그래서 ⓒ는 말이 되도 ⓓ는 말이 되지 않는 것입니다.

ⓒ I bought this book for him, but I'm not going to give it to him. 나는 이 책을 그를 위해 샀지만 그에게 주지 않을 것이다.

ⓓ *I bought him this book, but I'm not going to give it to him. 나는 그에게 이 책을 사 주었는데 그에게 주지 않을 것이다.

ⓑ의 buy와 같이 두 개의 목적어를 취하는 동사를 '수여동사'라고도 하는데 여기서 '수여'는 '수여하다(= 주다)'에서 나온 말입니다. '간접목적어에 직접목적어를 준다'라는 의미를 갖고 있는 동사죠.

그래서 할인 매장 광고에 쓸 때 ⓔ는 적절한 문구지만 ⓕ는 아주 부적절한 문구가 됩니다.

ⓔ We save you money. 우리는 당신에게 돈을 줍니다(당신의 돈을 아껴서).
ⓕ ?We save your money. 우리는 당신의 돈을 모읍니다.

아래 두 예문에서도 같은 동사를 썼지만 ⓖ는 말이 되도 ⓗ는 말이 되지 않습니다. 문을 Sam에게 줄 수는 없기 때문이죠.[6]

ⓖ I opened Sam a beer. 나는 맥주를 따서 샘에게 주었다.
ⓗ *I opened Sam the door. 나는 문을 열어서 샘에게 주었다.

법조동사
Modals

이런 말, 영어로 할 수 있나요?
ⓐ 그는 할 수 없다고 말했다.
ⓑ (문을 두드린 건) Jaden임에 틀림없다.
ⓒ 제발 안 자면 안 될까요?
ⓓ 다른 할 일도 없으니 기말시험 공부나 하지 그래.
ⓔ 이전에 그녀를 만났을지도 모른다.

정답 ⓐ는 A의 ②-2번, ⓑ는 B의 ②번, ⓒ는 C의 ③-2번,
ⓓ는 D의 ②-2번, ⓔ는 E의 ②번 문장을 보세요.

법조동사의 특징과 기본적인 의미

법조동사는 3인칭 단수형이 없고 항상 동사원형과 함께 쓰인다

법조동사는 do, be, have를 포함한 모든 동사와 다른 점이 두 가지 있습니다. 첫째는 주어가 3인칭 단수일 때도 -s를 붙이지 않는다는 것이고 둘째는 법조동사 뒤에는 항상 동사원형이 사용되어야 한다는 것입니다.

①-1 She can speak five languages. 그녀는 다섯 개의 언어를 할 수 있다.
＊cans

①-2 This movie will be very interesting. 이 영화는 정말 흥미로울 거야.
＊is

법조동사는 수가 한정되어 있습니다. 각각 현재형과 과거형이 있는데 must만 과거형이 없어서 have to의 과거형인 had to를 대신 사용합니다. 그리고 모든 법조동사는 have to와 같이 비슷한 뜻을 가진 구 법조동사로 표현될 수도 있습니다.

기본적인 의미	현재형 법조동사	과거형 법조동사	구 법조동사
미래 (~할 것이다)	will	would	be going to
가능 (~할 수 있다)	can	could	be able to
허가 (~해도 된다)	may	might	be allowed to
충고 (~해야 한다)	*shall	should	be supposed to
의무 (~하지 않으면 안 된다)	must	Ø	have to

* 미국 영어에서 shall은 관용적인 표현(예 Shall we dance?(우리 춤출까요?)) 외에는 사용하지 않음.

간접화법에서는 현재형이 과거형으로 바뀐다

법조동사를 현재형과 과거형으로 나누는 이유는 ②와 같이 간접화법에서는 현재형이 과거형으로 바뀌기 때문입니다.

간접화법

②-1 "I will call you." → He said he would call me.
  내가 전화할게.   그는 나에게 전화할 것이라고 말했다.

②-2 "I can't do it." → He said he couldn't do it.
  난 할 수 없어.   그는 할 수 없다고 말했다.

②-3 "May I come in?" → He asked if he might come in.
  들어가도 될까요?   그는 들어와도 되냐고 물었다.

②-4 "Shall we go?" → He asked if we should go.
  우리 갈까?   그는 우리가 가야 할지 물었다.

과거형 법조동사는 현재시제로 더 자주 사용된다

과거형 법조동사는 사실 현재시제로 더 자주 사용됩니다. 그래서 과거형도 현재형과 함께 각각의 쓰임을 익혀야 하죠. 다음은 현재시제로 쓰인 과거형 법조동사에 대한 예문입니다.

③-1 Would you like some coffee? 커피 좀 드시겠어요?

③-2 Could I get some water? 물 좀 주실 수 있을까요?

③-3 You might be right. 네가 옳을 수도 있겠다.

③-4 We should go home. 우리는 집에 가는 게 좋겠다.

B 확률과 추측

법조동사의 쓰임은 크게 다음 세 가지로 분류될 수 있습니다.

> ⓐ 확률과 추측   ⓑ 요청   ⓒ 조언

will은 가장 높은 확률, must는 가장 강한 추측을 나타낸다

확률과 추측을 나타낼 때는 어떤 법조동사를 사용하느냐에 따라 가능성과 추측의 강도에 차이가 납니다. 확률을 나타내는 법조동사를 가능성이 높은 것부터 낮은 것으로 나열하면 다음과 같습니다.

① 내일은 눈이 올 것이다.
It will snow tomorrow.
It should snow tomorrow.
It may snow tomorrow.
It might/could snow tomorrow.
내일은 눈이 올지도 모른다.

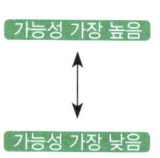

추측의 강도에 따라 법조동사를 나열하면 다음과 같습니다. 가장 강한 추측을 나타내는 must를 제외한 나머지는 확률을 나타내는 법조동사와 같습니다.

② (문을 두드린 건) Jaden임에 틀림없다.
That must be Jaden (at the door). 　가장 강한 추측
That should be Jaden (at the door).
That may be Jaden (at the door).
That might/could be Jaden (at the door). 　가장 약한 추측
(문을 두드린 건) Jaden일지도 모른다.

can't는
확률과 추측의
가장 강한 부정

특이한 것은 can이 확률이나 추측을 표현할 때는 사용되지 않지만 확률과 추측을 부정할 때는 가장 강한 부정이 된다는 것입니다.

③-1 It can't rain tomorrow. 내일은 비가 올 리가 없다.

③-2 That can't be Jaden at the door. 문을 두드린 건 Jaden일 리가 없다.

확률과 추측을 나타내는 법조동사와 상응하는 형용사·부사를 가능성과 강도에 따라 정리하면 다음과 같습니다.⁷ 우리말로는 표현하기 어려운 probable과 possible의 차이도 가능성의 정도라는 것을 함께 기억해두면 좋겠죠.

	ⓐ 확률		ⓑ 추측	형용사 부사
높음 ↕ 낮음	will	강함 ↕ 약함	must	certain certainly
	should		should	probable likely
	may		may	quite possible perhaps
	might/could		might/could	possible possibly

C 요청

요청할 때는 과거형이 가능하지만 대답할 때는 항상 현재형을 쓴다

요청을 할 때 사용되는 법조동사는 will, can, may가 있습니다. 〈Lesson 4: 공손한 표현〉에서 설명한 것과 같이 과거형 would, could, might를 사용하면 좀 더 예의바른 표현이 되죠.

①-1 Would you carry this for me?
이것 좀 들어 주실래요?

①-2 Could you give me a hand with this bag?
이 가방 옮기는 것 좀 도와주실 수 있을까요?

①-3 Might I come in?
들어가도 되겠습니까?

요청할 때와는 달리 대답을 할 때는 항상 현재형을 사용하여 Yes, I will. Yes, I can. Yes, you may. 또는 No, I won't. No, I can't. No, you may not.으로 대답합니다. 과거형을 써서 질문하는 것은 공손한 표현이지만, 과거형으로 불확실하게 대답하는 것은 공손한 표현이라고 볼 수 없기 때문이죠.

그런데 사실 미국 영어에서는 ①-3과 같이 Might를 사용하여 허가를 요청하는 경우는 극히 드뭅니다. Can보다 공손한 표현인 May I come in?만으로도 충분히 공손해지기 때문이죠.

요청의 will/would와 can/could는 not의 축약 여부로 뜻이 달라진다

요청을 할 때 사용되는 will/would와 can/could의 특이한 점은 이 법조동사들과 not이 축약되었을 때와 축약되지 않았을 때의 뜻이 달라진다는 것입니다.[8]

②-1 Won't you please close the door? 제발 문을 닫아 주지 않을래?

②-2 Will you please not close the door? 제발 문을 닫지 말아 줄래?

③-1　Couldn't I please go to sleep?　제발 잠자러 가면 안 될까요?

③-2　Could I please not go to sleep?　제발 안 자면 안 될까요?

D 조언

should보다 강한 조언은 had better, 약한 조언은 may want to

조언을 할 때 사용되는 기본적인 법조동사는 should입니다. should보다 강한 조언을 하려면 had better를 사용하고 should보다 약한 조언을 하려면 may want to를 쓸 수 있습니다.

①-1　You (had) better study for the final exam.　강한 조언

①-2　You should study for the final exam.
　　　너는 기말시험 공부를 해야 한다.

①-3　You may want to study for the final exam.　약한 조언

You had better는 축약하여 You'd better라고 쓰는데, 일상 대화에서는 had를 아예 발음하지 않습니다. may를 사용하여 조언을 할 때는 may want to라고 해야 합니다. may만 사용하면 허가가 되기 때문이죠.

might as well은 가장 약한 조언에, must는 가장 강한 조언에 쓴다

might는 주로 might as well의 형태로 사용됩니다. 많은 문법책들이 might as well과 had better를 '~하는 것이 좋다'라는 같은 뜻으로 설명하지만 절대 같은 뜻이 아닙니다. 조언의 강도에서 많은 차이가 나는데, might as well은 강도가 너무 약해 조언이라고 할 수

59

없을 정도입니다. 반면에 의무를 나타내는 must는 가장 강한 조언이라고 할 수 있죠.

②-1 You must study for the final exam.   `가장 강한 조언`
너는 기말시험 공부를 하지 않으면 안 된다.

②-2 You might as well study for the final exam.   `가장 약한 조언`
다른 할 일도 없으니 기말시험 공부나 하지 그래.

may as well은 might as well과 비슷한 표현인데 일상 대화에서는 might as well이 더 자주 쓰입니다.

E 법조동사 완료형

'~해야 한다'의 과거형인 '~했었어야 했다'는 하지 못한 일의 후회를 나타냅니다. 그런데 should는 이미 과거형인데 어떻게 '~했었어야 했다'의 의미를 나타낼 수 있을까요? should 뒤에 오는 동사를 완료형으로 쓰면 됩니다.

법조동사 완료형으로 과거시제를 표현한다

법조동사 뒤에는 반드시 동사원형을 써야 하므로 should 뒤에 과거시제 동사를 쓸 수는 없습니다. 그래서 완료형인 have+p.p.를 사용하여 should+have+p.p.를 만드는데, 이것이 '~했었어야 했다'라는 뜻이 되는 것입니다.

① I should have studied for the final exam.
기말고사 시험공부를 했었어야 했다. (= 기말고사 시험공부를 하지 않아서 후회된다.)

should+have+p.p.와 같은 구조를 법조동사 완료형이라고 합니다. 법조동사만으로는 과거시제를 표현할 수 없기 때문에 법조동사 완료형을 쓰는 것이죠. 참고로 could+have+p.p.와 would+have+p.p.는 가정법에 쓰이는 시제입니다. (자세한 내용은 〈Lesson 12: 가정법〉 참고)

추측할 때 쓰이는 must, may, might를 포함한 must+have+p.p., may+have+p.p., might+have+p.p.가 과거의 추측을 나타내는 것도 모두 법조동사 완료형이기 때문이죠.

② 이전에 그녀를 만났음에 틀림없다.
I **must have met** her before. 　강한 과거 추측
I **may have met** her before.
I **might have met** her before. 　약한 과거 추측
이전에 그녀를 만났을지도 모른다.

 **이것만은 확실히!**

1. 법조동사는 3인칭 단수형이 없고 항상 동사원형과 함께 사용된다.
   - e.g. This movie will be very interesting.

2. will은 가장 높은 확률, must는 가장 강한 추측을 나타낸다.
   - e.g. It will snow tomorrow.
     That must be Jaden at the door.

3. 요청을 나타내는 will/would와 can/could는 not의 축약 여부에 따라 뜻이 달라진다.
   - e.g. Couldn't I please go to sleep?
     Could I please not go to sleep?

4. might as well은 약한 조언에, had better는 강한 조언에 사용된다.
   - e.g. You might as well study for the final exam.

5. 법조동사만으로는 과거시제를 표현할 수 없기 때문에 법조동사 완료형을 사용하여 과거시제를 표현한다.
   - e.g. I should have studied for the final exam.

Grammar Upgrade

다음 두 문장 중 will have finished를 will finish로 바꿀 수 있는 문장은 무엇일까요?

ⓐ He will have finished all that work in several months.
ⓑ He will have finished all that work several months ago.

ⓐ의 in several months은 '몇 달 안에'라는 뜻이므로 will have finished는 미래완료로 사용된 것이죠.

미래완료는 미래에 사건이 완료되는 과정에 초점을 맞춘 시제이기 때문에 단순 미래로 바꿔도 의미에 큰 변화가 없습니다. 그래서 ⓐ의 will have finished는 will finish로 바꿔도 무방하죠.

하지만 ⓑ의 will have finished는 several months ago(몇 달 전에)라는 과거를 나타내는 부사구와 함께 쓰였기 때문에, must+have+p.p.와 같은 뜻인 과거의 추측을 나타냅니다. 그러므로 ⓑ에서는 will have finished를 will finish로 바꿀 수 없죠.

어떤 문법책에서는 will+have+p.p.는 현재의 추측, must+have+p.p.는 과거의 추측이라고 설명하는데, 그건 맞지 않습니다. 두 표현 모두 과거의 추측이죠. 다만 미국 영어에서는 will+have+p.p.를 과거의 추측으로는 잘 사용하지 않습니다. 주로 영국 영어에서 사용되는 용법이죠.[9]

Lesson 7

연결동사와 주어 동사 일치
Linking Verbs & S-V Agreement

> **이런 말, 영어로 할 수 있나요?**
> ⓐ 이 책은 쓸모 있게 될 것이다.
> ⓑ 만화책들을 읽는 것은 재미있다.
> ⓒ 그 사과의 3분의 2가 썩었다.
> ⓓ 5마일은 걷기에는 먼 길이다.
>
> **정답** ⓐ는 A의 ④-3번, ⓑ는 B의 ①-2번, ⓒ는 ③-1번, ⓓ는 ⑥-2번 문장을 보세요.

연결동사

영어에서 가장 기본적이고 가장 흔히 사용되는 동사는 be동사입니다. be동사를 우리말로는 '불완전 자동사'라고 부르는데, 역할상으로는 자동사의 한 종류라기보다 주어와 보어를 연결해 주는 동사이므로 연결동사(linking verb 또는 copula)라는 명칭이 더 정확하죠.

연결동사 뒤에는 형용사가 오고 비연결동사 뒤에는 부사가 온다

연결동사와 비연결동사(= 자동사와 타동사)의 가장 큰 차이점은 연결동사 뒤에는 형용사가 올 수 있지만 비연결동사 뒤에는 부사가 와야 한다는 것입니다.

①-1 I am happy. (형용사)   ①-2 *I am happily.

②-1 *She sings happy.   ②-2 She sings happily. (자동사, 부사)

③-1　*He cooked dinner happy.

③-2　He cooked dinner happily.
　　　　　타동사　　　　부사

그럼 다음 세 문장 중에서 prove가 연결동사로 사용되지 않은 것은 무엇일까요?

④-1　This will prove my innocence. 이것이 내 무죄를 증명해 줄 것이다.

④-2　His theory proved wrong. 그의 이론이 틀렸다는 것이 드러났다.

④-3　This book will prove useful. 이 책은 쓸모 있게 될 것이다.

④-1에서는 my innocence라는 명사구가 prove의 목적어로 사용되었으므로 여기서의 prove는 타동사입니다. 타동사 prove에 익숙한 학생들은 ④-2와 ④-3은 비문이라고 생각할 수 있습니다.

하지만 ④-2와 ④-3의 prove는 '~이 되다(= turn out to be)'라는 뜻의 연결동사로 쓰였기 때문에 각각 형용사 wrong, useful과 함께 사용되었습니다. 따라서 ④-1에서는 prove가 be동사로 대체될 수 없지만 ④-2, ④-3에서는 prove 대신 be를 사용할 수 있습니다.

> 연결동사는 be로 대체 가능한 동사와 지각동사로 나뉜다

연결동사는 prove와 같이 의미는 다르지만 be동사로 대체될 수 있는 동사(= be로 대체 가능한 연결동사)와 지각동사 두 가지로 크게 나뉩니다.

> ⓐ be로 대체 가능한 연결동사 :
> 　become, get, go, turn, fall, grow, prove, remain/keep/stay 등
>
> ⓑ 지각동사 :
> 　feel, smell, taste, sound, look/seem/appear
> 　(hear/listen과 see/watch는 연결동사가 아님)

> 연결동사로 사용된 지각동사는 "감각동사"로도 불립니다.

1970년대 미국을 대표했던 밴드 The Eagles의 대표곡 "Hotel California"에서도 grow가 연결동사로 사용되었습니다. 그래서 ⑤와 마찬가지로 ⑥에서도 grew 다음에 형용사 heavy와 dim이 사용된 것이죠.

⑤-1 She became weak. 그녀는 몸이 약해 졌다.

⑤-2 He got angry. 그는 화를 냈다.

⑤-3 The battery went dead. 배터리가 죽었다.

⑤-4 His face turned red. 그의 얼굴이 빨개졌다.

⑤-5 I fell ill. 나는 병이 들었다.

⑤-6 We remained silent. 우리는 조용히 있었다.

⑥ Up ahead in the distance, I saw a shimmering light.
My head grew heavy and my sight grew dim.
I had to stop for the night.
멀리서 희미한 불빛이 보였고, 내 머리는 무거워지고 시야도 침침해져 하루 묵어가야만 했다.

우리는 오감을 가지고 있기 때문에 지각동사도 다섯 가지가 있습니다. ⑦에서처럼 지각동사가 연결동사로 사용되었을 때는 형용사와 함께 쓰여야 합니다.

⑦-1 I feel good. 나는 기분이 좋아.

⑦-2 The soup tastes good. 스프 맛있어.

⑦-3 The chicken smells good. 닭 냄새 좋은데.

⑦-4 That sounds good. 그거 좋게 들리는데 (= 좋아).

⑦-5 You look good today. 오늘 멋있어 보이는데.

지각동사가 비연결동사로 쓰일 때는 부사를 취한다

하지만 ⑧-1에서와 같이 지각동사가 비연결동사(자동사)로 쓰였을 때는 부사와 함께 쓰이죠.

⑧-1 You should look at it <u>carefully</u>.   이건 신중히 봐야해.
　　　　　　　　　　　　　부사

see/watch와 hear/listen은 지각동사이지만 연결동사로 사용될 수 없으므로 형용사 good과 함께 쓰일 수 없고 ⑧-2와 같이 부사 well과 함께 사용되어야 합니다.

⑧-2 He can't see or hear <u>well</u>.   그는 잘 보거나 듣지 못한다.
　　　　　　　　　　　　　부사

주어 동사 일치

주어에 따라 동사의 형태가 바뀌는 것을 주어 동사 일치Subject-Verb Agreement라고 합니다. be동사는 다른 동사들과 달리 주어에 따라 동사의 형태가 자주 바뀝니다. 하지만 주어가 복수일 때는 be동사도 인칭에 관계없이 모두 현재형은 are, 과거형은 were가 됩니다.

	to be		to believe	
	현재시제	과거시제	현재시제	과거시제
I	am	was	believe	believed
You	are	were	believe	believed
He/She/It	is	was	believes	believed

동명사구는 항상 단수 취급한다

주어 동사 일치를 위해 가장 중요한 것은 주어가 단수인지 복수인지를 구분하는 것입니다. 그러기 위해선 먼저 주어와 숨겨진 목적어를 구분해야 하죠.

①-1   Comic books are fun to read. 만화책들을 읽는 것은 재미있다.
           주어

①-2   Reading comic books is fun. 만화책들을 읽는 것은 재미있다.
           주어   reading의 목적어

①-1과는 달리 ①-2에서 books는 reading의 목적어이기 때문에 주어가 될 수 없습니다. ①-2에서 주어는 동명사 Reading입니다. 동명사구는 항상 단수로 취급하기 때문에 동사가 is가 된 것이죠.

전치사의 목적어는 원칙적으로 주어가 될 수 없다

다른 또 하나의 숨겨진 목적어는 전치사의 목적어입니다. 전치사 뒤에 쓰인 명사구는 전치사의 목적어이기 때문에 주어가 될 수 없습니다. 따라서 ②-1의 주어는 number가 되겠죠.

②-1   The number of accidents has increased dramatically.
              주어   of의 목적어
           사고의 횟수가 급증했다.

반면에 ②-2에서 주어가 accidents인 이유는 a number of는 many, a lot of와 같은 뜻을 가지고 있기 때문입니다.

②-2   A number of accidents were caused by careless mistakes.
          = Many   주어
           많은 사고는 부주의한 실수에 의해 발생되었다.

분수와 백분율에서는 전치사 of의 목적어가 주어가 된다

③, ④와 같은 분수와 백분율을 표현할 때는 전치사의 목적어가 주어가 됩니다. 사과 하나의 일부는 여전히 단수고 많은 사과의 일부는 여전히 복수이기 때문이죠.

③-1 Two thirds of the apple is rotten.
　　　　분수　　　　　　주어
그 사과의 3분의 2가 썩었다.

③-2 Two thirds of the apples are rotten.
　　　　분수　　　　　　주어
그 사과들의 3분의 2가 썩었다.

④-1 Over 30 percent of the apple is rotten.
　　　　백분율　　　　　　주어
그 사과의 30%가 넘게 썩었다.

④-2 Over 30 percent of the apples are rotten.
　　　　백분율　　　　　　주어
그 사과들의 30%가 넘게 썩었다.

'all/most/half/some/part of + 명사'도 분수·백분율과 같이 of 뒤에 오는 명사의 일부(또는 전체)를 지칭하므로 of 뒤의 명사가 주어가 됩니다.

⑤-1 Most of my money is gone already.
　　　　　　　　주어
내 돈의 대다수가 이미 날아갔다.

⑤-2 Most of my friends are still living in L.A.
　　　　　　　주어
내 친구들의 대다수는 아직 L.A.에 산다.

단일 개념으로 쓰인 금액, 거리, 시간은 단수 취급한다

금액, 거리, 시간 등은 복수형 명사일지라도 주로 단일 개념으로 쓰기 때문에 단수형 동사와 함께 쓰입니다.

⑥-1 Two hundred dollars is too much for a pair of jeans.
　　　　금액
2백 불은 청바지 한 벌을 사기에는 너무 많은 금액이다.

⑥-2 Five miles is a long way to walk.
　　　거리
5마일은 걷기에는 먼 길이다.

⑥-3 Two hours is all I need.
　　　시간
2시간이 내가 필요한 전부이다.

흔하지는 않지만 금액, 시간, 거리에 관련된 표현이라도 ⑦처럼 단일 개념이 아닌 복수로 취급할 때도 있습니다.

⑦ Two months are missing from this calendar.
　　이 달력에는 두 개의 달이 빠져 있다.

'~의 시간이 지나다'라는 표현도 주로 ⑧-1처럼 복수로 취급됩니다.

⑧-1 Two months have passed since I moved here.
　　　　　　　　복수
　　여기 이사 온 지 두 달이 지났다.

하지만 ⑦처럼 명확한 복수의 개념을 나타내지는 않기 때문에 원어민들은 ⑧-2와 같이 단수형 동사를 쓰기도 하죠.

⑧-2 Two months has passed since I moved here.
　　　　　　　　단수 취급도 가능

집합명사는 미국 영어에서는 단수, 영국 영어에서는 복수로 취급한다

family와 같은 집합명사 collective noun 는 의미에 따라 단수로 쓰일 수도 있고 복수로 쓰일 수도 있습니다. 기존 문법책들은 가족 전체가 하나의 독립체로 여겨질 때는 단수로 취급하고 가족 구성원 개개인에 초점이 맞춰져 있을 때는 복수로 취급한다고 설명하죠.

그럼 ⑨-1과 ⑨-2에 적절한 동사는 무엇일까요?

⑨-1 My family _____ on vacation.　나의 가족은 휴가 중이다.
　　　　　　　　is/are

⑨-2 My family _____ on holiday.　나의 가족은 휴가 중이다.
　　　　　　　　is/are

문법책에서 설명하는 집합명사의 단·복수 의미 차이는 사실 구분할 필요가 없습니다. 미국 영어에서는 주로 단수로 취급하고 영국 영어에서는 주로 복수로 취급하기 때문이죠.[10]

따라서 ⑨-1에는 is가 적절하고 ⑨-2에는 are가 적절합니다. on vacation은 미국식 영어 표현이고 on holiday는 영국식 영어 표현이기 때문이죠.

이것만은 확실히!

1. 연결동사 뒤에는 형용사가 오고 비연결동사 뒤에는 부사가 온다.
   e.g. His theory proved wrong.   You should look at this carefully.
        연결동사   자동사

2. 전치사의 목적어는 원칙적으로 주어가 될 수 없지만 분수와 백분율에서는 전치사 of의 목적어가 주어가 된다.
   e.g. Two thirds of the apple **is** rotten.

3. 단일 개념으로 쓰인 금액, 거리, 시간은 단수 취급한다.
   e.g. Two hours **is** all I need.

4. 집합명사는 주로 미국 영어에서는 단수, 영국영어에서는 복수로 취급된다.
   e.g. My family **is** on vacation.   My family **are** on holiday.
        미국 영어   영국 영어

Grammar Upgrade

다음 두 문장에 들어갈 동사는 무엇일까요?

ⓐ Neither you nor I _____ trained for that job.
   am/are
   너나 나나 그 일엔 적합하지 않아.

ⓑ I am one of those rare individuals who _____ finished the Ph.D. early.
   have/has
   나는 박사학위를 일찍 끝낸 희귀한 사람 중 하나다.

문법책에서는 either A or B 또는 neither A nor B에서 주어는 B라고 설명합니다. 그렇다면 ⓐ에 쓰여야 할 동사는 am이겠죠. 하지만 원어민의 70% 이상이 이런 문장에서 are를 사용합니다.[11]

문법책들은 또 ⓑ와 같은 문장에서 관계대명사 who의 선행사는 individuals라고 말합니다. 그렇다면 ⓑ에 쓰여야 할 동사는 have가 돼야 되겠죠. 하지만 원어민의 80% 이상이 이런 문장에서 has를 사용합니다.[12] who의 선행사를 individuals가 아닌 one으로 보는 것이지요. 이쯤 되면 individuals가 선행사라고 하는 문법책의 내용이 바뀌어야 하지 않을까요?

시제와 상 I
Tense & Aspect I

이런 말, 영어로 할 수 있나요?
ⓐ 나는 (잠시) 월세에 살고 있는 중이다.
ⓑ 걔 그냥 어렵게 구는 거야.
ⓒ 불빛이 (계속해서) 반짝이고 있었다.
ⓓ 너 도대체 무슨 짓을 한 거야?
ⓔ 나는 중국에 다섯 번 가본 적이 있다.

정답 ⓐ는 B의 ①-2번, ⓑ는 ④번, ⓒ는 C의 ④번,
ⓓ는 D의 ①-2번, ⓔ는 ⑧번 문장을 보세요.

동사의 시제

영어는 시제가 12개?

시간은 과거, 현재, 미래로 나뉠 수 있습니다. 이 세 가지 범주를 시제tense라고 하죠. 시간을 나눌 수 있는 범주는 그 이상 존재하지 않기 때문에 어떤 언어도 이 세 가지보다 많은 시제를 가질 수는 없습니다. 그런데 영어의 시제가 12개나 되는 이유는 기존 문법책에서 완료형과 진행형이라는 상相, aspect을 시제와 구분하지 않기 때문입니다.

aspect는 '보다'라는 뜻의 라틴 어와 어원이 같습니다. 어원이 같은 다른 단어는 spectator(관중), perspective(관점) 등이 있죠. 완료형과 진행형을 상aspect이라고 하는 이유는 보는 관점에 따라 완료형과 진행형의 사용 여부가 결정되기 때문입니다.

영어의 12시제

❶ 단순시제 Simple	단순과거	Jaden played all day.
	단순현재	plays
	단순미래	will play
❷ 완료형 Perfect have+p.p.(과거분사)	과거완료	had played
	현재완료	has played
	미래완료	will have played
❸ 진행형 Progressive be+-ing(현재분사)	과거진행형	was playing
	현재진행형	is playing
	미래진행형	will be playing
❹ 완료진행형 Perfect progressive have been+-ing	과거완료진행형	had been playing
	현재완료진행형	has been playing
	미래완료진행형	will have been playing

언어학자들은 영어에는 미래시제는 없고 현재와 과거시제만 있다고 말합니다.[13] walks, walked와 같이 현재형과 과거형 동사는 있어도 미래형 동사는 따로 없고 법조동사 will을 사용해야 하기 때문이죠.

불규칙 동사는 과거와 과거분사를 함께 외운다

영어의 과거시제는 규칙변화와 불규칙변화로 나뉩니다. 규칙변화에서는 과거시제와 과거분사past participle=p.p.가 동일하지만 불규칙변화에서는 과거시제와 과거분사가 다른 경우가 많으니 함께 외우는 것이 좋습니다. 다행히도 현재분사는 모두 규칙변화입니다.

⟨규칙형 과거 · 과거분사와 현재분사⟩

	원형	과거 · 과거분사	현재분사	
ⓐ	jump climb paint need	jumped climbed painted needed	jumping climbing painting needing	대부분의 동사+-ed/-ing
ⓑ	hope close date decide	hoped closed dated decided	hoping closing dating deciding	-e로 끝날 때+-d -e로 끝날 때 : -e 삭제+-ing
ⓒ	hop rob prefer commit	hopped robbed preferred committed	hopping robbing preferring committing	⟨단모음+단자음로 끝나는 동사⟩ *1음절 : 마지막 자음 반복 +-ed/-ing 2음절 : 강세가 두 번째 음절에 있을 때만 자음 반복+-ed/-ing
ⓓ	try study	tried studied	trying studying	자음+y로 끝날 때 : y를 i로 +-ed ** 자음+y로 끝날 때+-ing
ⓔ	panic mimic	panicked mimicked	panicking mimicking	-c로 끝날 때 : k 추가 +-ed/-ing

* -w와 -x는 반복하지 않음 (예 bow-bowed-bowing / mix-mixed-mixing)
** -ie로 끝나는 동사의 현재분사는 -ie를 y로 바꾸고 -ing를 붙임
   (예 die = dying / tie = tying / lie = lying)

〈불규칙형 과거와 과거분사(p.p.)〉

	원형	과거형	과거분사형	
ⓐ	hit let put cost	hit let put cost	hit let put cost	원형 = 과거형 = 과거분사형
ⓑ	**come**＊ become run	came became ran	come become run	원형 = 과거분사형
ⓒ	**have** **say** **make** think leave meet strike lead build find win tell stand swing dig	had said made thought left met struck led built found won told stood swung dug	had said made thought left met struck led built found won told stood swung dug	과거형 = 과거분사형
ⓓ	**do** **go** **take** **see** **get** eat sing ring drive choose speak break	did went took saw got ate sang rang drove chose spoke broke	done gone taken seen gotten eaten sung rung driven chosen spoken broken	원형 ≠ 과거형 ≠ 과거분사형

＊ 밑줄 친 동사+be동사 = 영어에서 가장 빈번히 사용되는 동사 10개[14]

B 단순시제와 진행형

단순현재는 불변의 진리, 현재진행형은 임시 상황을 서술

단순현재는 불변의 진리를 서술할 때 사용되고 현재진행형은 현재 일어나고 있는 임시 상황을 서술할 때 사용됩니다.

①-1 I live in an apartment. 나는 월세에 산다.

①-2 I'm living in an apartment. 나는 (잠시) 월세에 살고 있는 중이다.

> apartment를 본인이 소유하고 있을 때는 condo라고 합니다. house는 단독주택을 뜻하죠.

미국의 apartment는 아파트가 아니라 월세를 뜻하기 때문에 미국 사람들은 말할 때 ①-1보다 ①-2를 선호합니다. 월세로 살고 있는 것이 불변의 진리가 아닌 임시 상황이라는 것을 나타내기 위해서죠.

영어시제를 배울 때 가장 먼저 배우는 것 중 하나가 'love 같은 상태동사state verb는 현재진행형으로 쓸 수 없다'는 것입니다. 그런데 맥도날드 광고에서는 왜 I love it!이 아니라 I'm lovin' it! 이라고 했을까요?

> 'lovin'은 loving에서 g를 빼고 생략부호 (apostrophe)를 붙여서 구어체의 발음을 살린 것입니다.

특정한 효과를 위해 상태동사를 진행형으로 쓸 수 있다

문법적으로 가능하지 않은 것을 사용함으로써 맥도날드는 더 큰 광고 효과를 노린 것이죠. 마찬가지로 일상대화에서도 어떤 특정한 효과를 위해 상태동사가 진행형으로 쓰일 수 있습니다. '특정한 효과'는 상황에 따라 다르지만 한 가지 공통점은 강조를 의미하는 것이라고 할 수 있습니다.

②-1 It sounds that you're wanting to take care of yourself physically as well.[15]
   너 자신을 육체적으로도 돌보고 싶어 하는 것처럼 들리는구나.

②-2　I like the first piano notes, but I'm not liking it where the strings come in.[16]
　　　처음 피아노 부분은 좋은데 현악기가 들어오는 부분은 좀 별로인 것 같구나.

②-1에서는 현재진행형이 '원하다'의 적극성을 강조하고 있습니다. 하지만 ②-2에서는 싫어하는 것의 임시성을 강조함으로써 비평을 완화시키고 있습니다. 진행형을 사용했을 때 표현이 공손해지는 것과 같은 맥락이죠. (〈Lesson 4: 공손함 표현하기〉 참고) ③에서도 현재진행형을 사용하여 상태의 임시성을 강조하고 있습니다.

③　Don't worry about him. He's just being difficult.
　　　걔는 걱정하지 마. 그냥 어렵게 구는 거야.

강조를 위해 always와 사건동사의 현재진행형을 함께 쓴다

현재진행형을 사용하였을 때 강조의 의미를 갖는 것은 사건동사 event verb도 가능합니다.

④-1　I am always/forever/constantly picking up Mary's dirty socks![17] 난 항상 메리의 더러운 양말을 치우고 있다니깐!

④-2　He's always delivering in a clutch situation.[18]
　　　그는 항상 중요한 상황에서 득점을 한다.

자신의 감정을 강조하기 위해 always(항상), forever(영원히), constantly(끊임없이)와 같이 단순현재와 어울리는 부사를 현재진행형과 함께 사용할 수 있습니다. 주로 ④-1처럼 불평을 할 때 사용되지만 ④-2처럼 좋은 일에 관해 말할 때도 사용될 수 있죠.

C 상태동사와 사건동사

진행형은 사건동사를 상태동사로 바꾼다

사건동사와 달리 상태동사는 진행형으로 잘 사용되지 않습니다. 진행형을 사건동사와 함께 쓰는 이유는 사건을 상태로 만들기 위해서이기 때문에(예를 들어, I'm running.은 뛰고 있는 상태를 나타내죠.) 특정한 효과를 꾀하지 않고서는 상태동사를 진행형과 함께 사용할 이유가 없는 것이죠.

사건동사는 활동동사, 지속종결동사, 순간종결동사 이렇게 세 가지로 나뉩니다. 그리고 종류에 따라 진행형을 썼을 때 미묘한 의미 차이가 생깁니다.

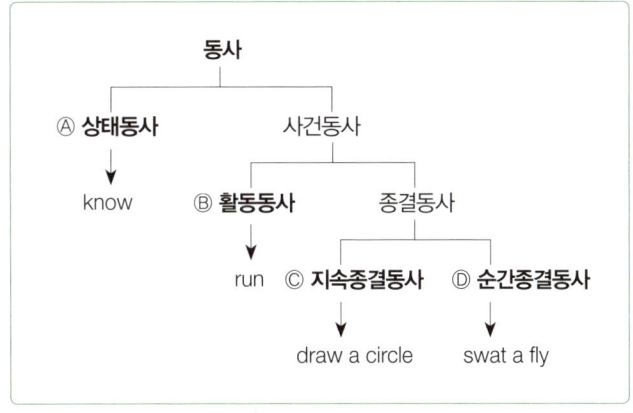

〈어휘상(lexical aspect)에 따른 동사의 분류〉

활동동사는 사건의 끝이 없고 종결동사는 끝이 있다

①-1을 보면 He ran.(그는 뛰었다.)이라는 결론을 내릴 수 있지만 ①-2를 보면 He crossed the street.(그는 길을 건넜다.)라는 결론은 내릴 수 없습니다. run은 사건의 끝이 없는 '활동동사'이고 cross는 끝이 있는 '종결동사'이기 때문이죠.[19]

①-1   He was running. 그는 뛰고 있었다.

①-2   He was crossing the street. 그는 길을 건너고 있었다.

②-1이 이상한 이유도 cross가 '종결동사'이기 때문입니다. 지각동사 다음에는 원형부정사 cross가 올 수도 있고 현재분사 crossing이 올 수도 있죠.

②-1   ?I saw him cross the street when he got hit by a car.
그가 차에 치였을 때 나는 그가 길을 다 건넌 것을 보았다.

②-2   I saw him crossing the street when he got hit by a car.
그가 차에 치였을 때 나는 그가 길을 건너고 있는 것을 보았다.

②-1과 같이 원형부정사가 사용되었을 때는 동사가 종결된 것을 나타내고 ②-2와 같이 현재분사가 사용되었을 때는 종결되지 않았다는 것을 나타냅니다. ②-1은 길을 다 건넌 후에 차에 치였다는 뜻이 되므로 어색한 문장이죠.

진행형으로 사용된 순간종결동사에는 반복의 의미가 있다

종결동사는 또 '지속종결동사'와 '순간종결동사'로 나뉩니다. ③-1과 달리 ③-2가 어색한 이유는, 길을 건너는 것과 마찬가지로 원을 그리는 것은 시간이 걸리는 지속종결동사이지만 파리를 때리는 것은 순간종결동사이기 때문입니다.[20]

③-1   He was drawing a circle. 그는 원을 그리고 있었다.

③-2   ?He was swatting a fly. 그는 파리를 (계속해서) 찰싹 찰싹 때리고 있었다.

진행형으로 사용된 순간종결동사는 반복의 의미를 가지고 있습니다.[21] 그래서 ③-2는 파리 한 마리를 계속해서 때리고 있었다는 뜻이 되는 것이죠. ④가 불빛이 계속해서 반짝이고 있었다는 뜻이 되는 이유도 flash가 순간종결동사이기 때문입니다.[22]

④   The light was flashing. 불빛이 (계속해서) 반짝이고 있었다.

D 단순시제와 완료형

단순과거는 사건 자체에, 현재완료는 사건이 미치는 영향에 초점을 맞춘다

완료형의 용법은 완료, 계속, 경험, 결과로 나뉩니다. 하지만 이 네 용법의 차이점을 아는 것보다 완료형의 기본적인 의미를 이해하는 것이 더 중요합니다. ①-2가 완료용법인지 결과용법인지를 구분하는 것보다 ①-1과 ①-2의 의미적인 차이를 이해하는 것이 더 중요하다는 거죠.

①-1 What did you do? 너 뭐했어?

①-2 What have you done? 너 도대체 무슨 짓을 한 거야?

단순과거와 현재완료의 기본적인 차이점은 관점입니다. 단순과거는 사건 자체에 초점이 맞춰져 있지만 현재완료는 과거에 발생한 사건이 현재에 미치는 영향에 초점이 맞춰져 있죠.

엄마가 방에 들어와 보니 아이가 바닥에 낙서를 하고 있습니다. 이미 낙서를 본 상황에서 "너 뭐했어?"라고 묻는 것은 이상합니다. ①-2와 같이 현재완료를 사용해서 "너 도대체 무슨 짓을 한 거야?"라고 물어보겠죠.

부정확한 과거 부사도 일상 대화에서는 주로 단순과거와 함께 쓰인다

단순과거와 현재완료의 차이를 항상 구분해서 사용하지는 않습니다. 기존 문법책에서는 just, already, recently, yet과 같이 부정확한 과거를 나타내는 부사는 현재완료와 함께 사용되어야 한다고 하지만, 실제로 일상대화에서는 단순과거와 더 자주 쓰입니다.

②-1 I just ate. 난 지금 막 먹었어.

②-2 I've just eaten.

③-1　I already saw *The Avengers*.　난 이미 〈어벤저스〉 봤어.

③-1　I've already seen *The Avengers*.

④-1　I recently graduated from college.　난 최근에 대학 졸업했어.

④-2　I've recently graduated from college.

⑤-1　I didn't call her yet.　난 아직 그녀에게 전화하지 않았어.

⑤-2　I haven't called her yet.

현재완료의 결과 용법도 회화에서는 주로 단순과거로 사용된다

②-1과 ②-2의 의미 차이를 설명하자면 ②-1은 단순히 밥을 먹었다는 진술이지만 ②-2는 밥을 먹어서 지금은 배가 부르다는 의미로 해석이 됩니다. 하지만 밥을 먹었다는 과거 사건이 현재에 미치는 영향을 굳이 강조할 필요는 없기 때문에 단순과거를 사용해도 전혀 문제가 되지 않습니다.

마찬가지로 문법책에서 자주 사용되는 결과 용법의 예문인 ⑥에서도 현재완료를 꼭 사용할 필요는 없습니다.

⑥-1　I lost my watch.　　　⑥-2　I've lost my watch.

기존 문법책에서는 ⑥-1이 시계를 잃어버렸다는 단순한 진술이므로 아직도 시계를 못 찾은 상태라고 말할 때는 ⑥-2처럼 표현해야 한다고 설명을 합니다. 하지만 실제로 일상 대화에서는 그냥 ⑥-1로 말합니다. 아직 찾지 못했기 때문에 잃어버렸다는 말을 하는 것이라고 이해하기 때문이죠.

계속·경험 용법은 단순시제로 대체될 수 없다

현재완료의 완료·결과 용법이 단순과거로 대체될 수 있는 이유는 단순과거를 사용해도 완료 또는 결과의 뜻을 나타낼 수 있기 때문입니다. 하지만 단순과거가 계속 또는 경험의 뜻을 나타낼 수는 없으므로 현재완료의 계속·경험 용법은 단순시제로 대체될 수 없습니다.

⑦ I've been in Korea for eight years. 나는 한국에 8년간 계속 있는 중이다.
　≠was (계속)

⑧ I've been to China five times. 나는 중국에 다섯 번 가본 적이 있다.
　≠was (경험)

과거완료와 미래완료는 단순시제로 대체될 수 있다

현재완료와는 달리 과거완료와 미래완료는 주로 완료·결과 용법으로 사용되기 때문에 보통 각각 단순과거와 단순미래로 대체될 수 있습니다.

⑨ I had taught at MIT before 2006.
　= taught
　나는 2006년 전에는 MIT에서 가르쳤다.

⑩ He will have finished all his homework by 7 p.m.
　= will finish
　그는 7시 전까지 모든 숙제를 마칠 것이다.

⑪에 사용된 현재완료는 ⑩에서 사용된 미래완료와 같다고 생각하면 됩니다.

⑪ Don't knock it until you've tried it.
　= try
　[속담] 시도해 보기 전에는 나쁘다고 하지 마라.

시간과 조건을 나타내는 부사절에서는 현재시제가 미래시제를 대신하는 것처럼 현재완료가 미래완료를 대신하기 때문이죠.

이것만은 확실히!

1. 단순현재는 불변의 진리, 현재진행형은 임시 상황을 서술할 때 사용된다.
   - e.g. I'm living in an apartment. 나는 (잠시) 월세에 살고 있는 중이다.

2. 특정한 효과를 위해 상태동사를 진행형으로 사용할 수 있다.
   - e.g. I'm loving it.

3. 강조를 위해 always와 사건동사의 현재진행형을 함께 사용할 수 있다.
   - e.g. I'm always picking up Mary's dirty socks!

4. 진행형으로 사용된 순간종결동사는 반복의 의미를 가진다.
   - e.g. The light was flashing. 불빛이 (계속해서) 반짝이고 있었다.

5. 단순과거는 사건 자체에 초점이 맞춰져 있고 현재완료는 사건이 현재에 미치는 영향에 초점이 맞춰져 있다.
   - e.g. What have you done? 너 도대체 무슨 짓을 한 거야?

6. 완료·결과용법은 단순시제로 대체될 수 있지만 계속·경험용법은 단순시제로 대체될 수 없다.
   - e.g. I lost my watch. = I've lost my watch.
     나는 내 시계를 잃어버렸다. (그리고 아직 못 찾았다.)

     I was in Korea for six years. ≠ I've been in Korea for six years.
     나는 (과거에) 한국에 6년간 있었다.   나는 한국에 6년간 계속 있는 중이다.

Grammar Upgrade

과거완료는 기본적으로 과거에 일어난 두 사건의 순서를 나타낼 때 사용됩니다.

ⓐ My brother left for church at 6 p.m., and I came home at 7 p.m. 내 동생은 6시에 교회를 갔고 나는 7시에 집에 왔다.

ⓐ를 복문으로 바꾸면 먼저 일어난 left에 과거완료를 쓰고 나중에 일어난 came에 단순과거를 써야 하므로 ⓑ와 같이 됩니다.

ⓑ-1 My brother had already left when I came home.
≠ My brother left when I came home.
내가 집에 왔을 때 내 동생은 이미 떠나고 없었다.

ⓑ-2 My brother had already left before I came home.
= My brother left before I came home.

ⓑ-1과 같이 when을 사용하면 꼭 과거완료를 사용해야 하지만 ⓑ-2와 같이 before(또는 after)를 사용하면 before가 사건의 순서를 나타내 주므로 과거완료를 사용하지 않아도 됩니다.

그런데 왜 ⓒ에서는 반대로 단순과거가 먼저 일어난 사건과 쓰이고 과거완료가 나중에 일어난 사건과 함께 쓰였을까요?

ⓒ Elizabeth is acknowledged as a charismatic performer and a dogged survivor, in an age when government was ramshackle and limited and when monarchs in neighbouring countries faced internal problems that jeopardised their thrones. Such was the case with Elizabeth's rival, Mary, Queen of Scots, whom she imprisoned in 1568 and eventually had executed in 1587.[23]

Grammar Upgrade

엘리자베스 여왕은 (왕정이 흔들리고 제한되어 있었을 때, 그리고 이웃 나라들의 군주들이 그들의 왕위를 위협했던 내부적인 문제들에 직면했었던 때) 카리스마 넘치는 실행자로서, 그리고 완강한 생존자로서 인식되고 있다. 엘리자베스의 적수였던 스코틀랜드의 여왕 메리의 경우가 그러했는데, 엘리자베스는 메리를 1568년에 감옥에 가뒀고 마침내 1587년에 처형했다.

메리를 감옥에 가둔 해는 1568년이었고 사형을 한 해는 1587년이었으므로 원래 문법대로라면 had imprisoned와 executed가 되어야 하겠죠. 하지만 반대로 과거완료를 마지막에 일어난 사건과 함께 사용한 이유는 **극적인 효과를 주기 위해서입니다**.

마찬가지로 ⓓ와 같이 현재시제로 서술된 글에서는 마지막에 현재완료를 사용하여 극적인 효과를 줍니다.[24]

ⓓ We are here to retrieve a temperature probe—one of 23 the group left on the mountain a year ago in the hopes of determining how much the soil temperatures change and thus whether these environments are relatively stable. As we move away from the entrance, the light fades, and we have to use flashlights.... Then Moore disappears down a corridor and, after a few moments, gives a shout. He's found the probe.[25]

우리는 이곳에 온도 탐색침을 회수하러 와 있다. (온도 탐색침은) 토양의 온도가 얼마나 많이 변하는지 그리고 이러한 환경이 상대적으로 안정적인가를 밝히기 위해 그 그룹이 일 년 전 이 산에 놓고 간 23개 중 하나이다. 우리가 입구에서 멀어질수록 빛은 희미해지며, 우리는 손전등을 사용해야만 한다. … 그 다음 무어는 강가의 좁은 길 아래로 모습을 감추고, 잠시 후 소리친다. 그가 온도 탐색침을 찾은 것이다.

시제와 상 II
Tense & Aspect II

이런 말, 영어로 할 수 있나요?
ⓐ 나는 지난주에 〈어벤저스〉를 봤다.
ⓑ 나는 정말 멋진 여행을 위해 충분한 돈을 저축했다.
ⓒ 1917년에 Einstein은 그의 일반 상대성 이론을 발표합니다.
ⓓ 난 일요일에는 가끔 늦잠을 자곤 했다.

정답 ⓐ는 A의 ①-1번, ⓑ는 ②-1번, ⓒ는 B의 ②번, ⓓ는 C의 ①-2번 문장을 보세요.

담화 열리기

현재완료는 정확한 과거 시점을 나타내는 표현과는 함께 쓸 수 없다

현재완료는 현재와 관련이 있기 때문에 yesterday, last week, in 1988처럼 정확한 과거 시점을 나타내는 표현들과는 함께 사용될 수 없습니다.

①-1 I saw *The Avengers* last week. 나는 지난주에 〈어벤저스〉를 봤다.

①-2 *I've seen *The Avengers* last week.

①에서 last week를 삭제하면 단순과거와 현재완료 모두 가능하지만 차이점을 설명하기는 어렵습니다. 〈어벤저스〉를 본 것이 현재에 미치는 영향이 무엇인지 알 수 없기 때문이죠.

문장에서 나타나지 않는 차이점은 담화에서 찾는다	이렇게 단순과거와 현재완료의 차이가 문장에서 드러나지 않을 때에는 〈Lesson 8〉의 Grammar Upgrade에서 설명한 '극적인 효과를 위한 완료형'과 같이 문장을 넘어 담화discourse에서 관련된 요인을 찾아야 합니다. 문장만 따로 보면 차이가 없지만 담화 전체에서 보았을 때 단순과거보다 현재완료가 더 적절한 경우가 있기 때문이죠.

②-1 I don't know what to do for my vacation. It <u>will start</u> in three weeks. I <u>saved</u> enough money for a really nice trip. I've been to Hawaii. It is too early to go to the mountains. I <u>worked</u> hard all year. I really need a break.

나는 내 휴가를 어떻게 해야 할지 모르겠다. 3주 후에 휴가가 시작될 것이다. 나는 정말 멋진 여행을 위해 충분한 돈을 저축했다. 하와이는 가본 적이 있다. 산행을 하기엔 너무 이르다. 나는 1년 내내 열심히 일했다. 나는 정말로 휴식이 필요하다.

②-1은 모두 7개의 문장으로 구성되어 있습니다. 이 문장들을 각각 분석해 보면 모두 문법적으로 완벽한 문장이죠. 하지만 시제가 현재, 미래, 과거를 왔다 갔다 하기 때문에 담화 전체로는 어색한 면이 있습니다. 이런 문제를 해결해 주는 것이 바로 담화 얼리기discourse freezing라는 것입니다.[26]

담화 응집력을 높이려면 모든 동사를 하나의 시제와 관련된 것으로 '얼린다'	담화 얼리기란 한 담화의 모든 동사를 하나의 시제와 관련 있는 것으로 '유지하는(얼려 놓는)'것을 뜻합니다. ②-1은 will start, saved, worked를 제외하고 모두 현재와 관련된 시제(단순현재 또는 현재완료)로 되어 있습니다. 그러므로 이 세 동사의 시제도 단순현재와 현재완료로 바꾸면 ②-2와 같이 응집력 있는 담화로 변하게 됩니다.

②-2 I don't know what to do for my vacation. It <u>starts</u> in three weeks. I <u>have saved</u> enough money for a really nice trip. I've been to Hawaii. It is too early to go to the mountains. I <u>have worked</u> hard all year. I really need a break.

가까운 미래는 현재진행형, 스케줄과 관련된 미래는 단순현재

미래는 단순현재와 현재진행형으로도 나타낼 수 있습니다. 예를 들어, 영화 예고편에 나오는 문구로는 다음 두 가지가 있습니다.

③-1 (It's) Coming Soon to a Theater Near You.
　　　당신에게 가까이 있는 극장으로 곧 올 것입니다.

③-2 (It) Opens in July 2015. 2015년 7월에 상영할 것입니다.

곧 나올 영화의 예고편 뒤에는 현재진행형을 사용한 ③-1이 나옵니다. "내일 뭐해?"를 What are you doing tomorrow?라고 하는 것처럼 가까운 미래는 현재진행형을 사용하여 표현하기 때문이죠.

하지만 개봉 날짜가 많이 남은 영화의 예고편에는 ③-2와 같이 단순현재를 사용한 문구가 나옵니다. 스케줄과 관련된 미래는 단순현재로 나타낼 수 있기 때문이죠. ②-2에서 휴가가 3주 후에 시작하는 것도 스케줄이므로 단순현재를 사용하여 It starts in three weeks.라고 한 것입니다.

역사적 현재시제

'역사적 현재시제'는 과거의 일을 생생하게 표현한다

앞선 '담화 얼리기'의 ②-2에 현재완료를 사용한 이유는 담화의 시제를 일치시키기 위해서입니다. 하지만 모든 담화가 현재에 관련된 시제나 과거에 관련된 시제로 일치될 수는 없습니다. ②-2에서도 I saved enough money last year.와 같이 정확한 과거 부사구(last year)가 나오면 시제를 단순과거로 바꿔야 하죠. 그런데 다음의 ①과 같이 과거 상황을 설명하는 중에 단순현재가 사용되기도 합니다.

① I was at a bar with my friends last Friday, and I saw this girl who was really pretty. She saw me looking at her, so she was looking at me too. I was getting nervous because I kept thinking that I should go talk to her. But all of a sudden, she **comes up** to me and **says**, "Hi, my name is Athena. What is yours?"

지난 금요일에 내 친구와 함께 바에 있었는데 거기서 정말 예쁜 여자를 봤어. 그녀를 보고 있는 나를 보고 그녀도 나를 보고 있었지. 나는 긴장되고 있었는데 왜냐하면 내가 그녀에게 가서 말을 걸어야 한다고 계속 생각하고 있었기 때문이야. 그런데 갑자기, 그녀가 나에게 다가 와서 말했어, "안녕, 내 이름은 Athena야. 너의 이름은 뭐야?"

과거시제로 계속 이야기를 하다가 갑자기 현재시제로 바꾸는 이유는 그 장면을 좀 더 생생하게 표현하기 위해서입니다. comes up, says 와 같이 과거에 일어난 일을 생생하게 표현하기 위해 사용한 현재시제를 역사적 현재시제historical present라고 합니다.[27]

역사적 현재시제는 과거 시점을 나타내는 부사구와도 함께 쓸 수 있다

역사적 현재시제는 주로 일상대화에서 사용되지만 ②와 같은 대학 강의나 ③과 같은 신문 사설에서 사용되기도 합니다. (②, ③은 역사적 현재시제에 관한 예시로 사용한 것이니 모든 문장을 이해할 필요는 없습니다.) ②에서 특이한 것은 정확한 과거 부사구 in 1917과 in 1919이 있음에도 불구하고 현재시제가 사용되었다는 것입니다.

② How many people have seen an eclipse of the sun? Pretty spectacular thing, huh? But you know, you have to travel to get there. It doesn't come to you. So here's what happened. **In 1917**, Einstein publishes his theory of general relativity. And then **in 1919**, there's gonna be an eclipse in Brazil, I think it was. And it seems like a good idea that you should actually go and test this theory, which has made a very specific prediction about what ought to be going on with these stars. So, Eddington mounts an expedition to Brazil to test this theory. And it works! Goes down there, he takes these pictures, it does just what Einstein said.²⁸

<small>얼마나 많은 사람들이 태양의 일식을 봤죠? 굉장하죠, 안 그런가요? 그렇지만 여러분들도 알다시피, 그곳에 가야만 하죠. 일식이 오지는 않습니다. 무슨 일이 있었는지 말해줄게요. 1917년에 Einstein은 그의 일반 상대성 이론을 발표합니다. 그러고 나서 1919년에 브라질에서 일식이 있었죠, 아마 그랬을 거예요. 그래서 실제로 가서 이 이론을 시험해 보는 것이 좋은 생각처럼 보이는데, 이 이론은 이 별들에 어떤 일이 일어나야만 하는가에 대한 매우 구체적인 예언을 했습니다. 그래서 Eddington은 이 이론을 시험하기 위해 브라질로 원정을 갑니다. 그리고 정확히 맞아 떨어지죠. 그곳에 가서 사진을 찍었더니 Einstein이 말했던 것들이 나타납니다.</small>

역사적 현재시제는 문어체에서도 사용될 수 있다

③에서는 약속을 어긴 미국 부시 행정부를 비난하기 위해 AIDS에 걸려 고통스러워하는 아프리카 사람들을 위로하는 장면을 현재시제를 사용하여 생생하게 표현하고 있죠.

③ Over the past year or so, President Bush and many senators have visited Africa to witness firsthand the ravages of AIDS. They **hold** sick babies, **pat** the hands of dying women, **visit** community groups caring for orphans and clinics bereft of medicine. They **make** heartfelt statements that lives can and must be saved. Then they **come** home and **stiff** the global AIDS budget. Mr. Bush made a worldwide splash by promising a $15 billion, five-year program. He endorsed an authorization of $3 billion for 2004, which was passed by both the House and Senate. But the White House and the Congressional leadership then conspired to cut the actual money appropriated back to $2.1 billion.²⁹

<small>지난 12개월 여 동안 Bush 대통령과 많은 상원의원들은 AIDS로 인한 참상을 직접 보기 위해 아프리카를 방문했다. 그들은 아픈 아기를 안으며, 죽은 여성들의 손을 토닥이며, 고아를 돌보는 자선 단체와 의약품이 없는 진료소를 방문한다. 그들은 생명들은 구해질 수 있고 구해져야만 한다는 진심 어린 진술을 한다. 그리고 그들은 집에 돌아오고 세계 AIDS 기금을 떼먹는다. Bush는 5개년 프로그램으로 150억 달러를 약속하며 세계적인 반향을 일으켰다. Bush는 상원과 하원에서 통과된 2004년에 사용될 30억 달러의 허가를 지지했다. 그러나 백악관과 의회 지도부는 그 후 실제 예산을 21억 달러로 삭감하도록 공모했다.</small>

C 틀과 설명

used to는 규칙적인 습관, would는 불규칙적인 습관?

used to와 would의 차이점에 대한 설명은 대략 두 가지로 나뉩니다. 첫째는 'used to는 규칙적인 습관을 나타내고 would는 불규칙적인 습관을 나타낸다.'입니다. ①-2와 같이 would가 often과 함께 쓰이면 어느 정도 가능한 설명이라고 할 수 있지만 규칙적인 습관과 불규칙적인 습관의 차이를 구분하는 것 자체가 정말 애매하죠.

①-1 I used to sleep in on Sundays. 난 일요일에는 늘 늦잠을 자곤 했다.

①-2 I would often sleep in on Sundays.
난 일요일에는 가끔 늦잠을 자곤 했다.

과거의 상태를 서술할 때는 would를 사용할 수 없다

둘째는 'used to는 과거의 상태와 동작에 모두 사용될 수 있지만 would는 과거의 상태에는 사용될 수 없다.'입니다.

②-1 I used to be short, but I'm tall now. 나는 작았었는데 지금은 크다.

②-2 *I would be short, but I'm tall now.

맞는 설명이지만 여전히 ① 또는 ③과 같이 동작에 사용된 used to와 would의 차이점은 설명하지 못하고 있습니다. 문장에서 차이점을 찾을 수 없을 때는 담화에서 차이점을 찾아야 하겠죠.

③ The bad thing was they **used to** laugh at us, the Anglo kids. They would laugh because we'd bring tortillas and frijoles to lunch. They would have their nice little compact lunch boxes with cold milk in their thermos, and they'd laugh at us because all we had was dried tortillas. Not only would they laugh at us, but the kids would pick fights.[30]

나쁜 점은 그들이 우리를 보고 웃곤 했다는 거야. 그 백인 아이들. 그 아이들은 우리가 토르티야와 콩 요리를 점심으로 가져갔다고 웃었어. 그 아이들은 자신들의 멋지고 작은 도시락 박스와 차가운 우유가 담긴 보온병을 갖고 있었고, 그들은 우리가 가진 모든 것이 오직 말라버린 토르티야였기 때문에 웃었어. 그들은 우리를 보며 웃기만 한 것이 아니라 싸움도 걸었어.

used to는 담화의 틀로 쓰고 would는 자세한 설명에 쓴다

③에서 동사 laugh는 왜 처음 문장에서는 used to와 함께 쓰이고 그 다음 세 번은 모두 would와 함께 쓰였을까요? used to는 담화의 틀frame로 사용되고 would는 자세한 설명elaboration에 사용되기 때문입니다.³¹

즉, 과거의 일을 회상할 때 첫 문장에는 used to를 사용하고 나머지 문장에는 모두 would를 사용한다는 뜻이죠. 그래서 ③에도 담화 중간에는 used to가 다시 쓰이지 않고 모두 would가 쓰였습니다.

be going to는 담화의 틀로 쓰고 will은 자세한 설명에 쓴다

'틀과 설명' 규칙은 be going to와 will의 차이점과 현재완료와 단순과거의 차이점을 설명할 때도 적용됩니다.³² ④에서와 같이 미래에 일어날 일을 서술할 때 be going to를 틀로 사용하고 will을 자세한 설명에 사용하는 것이죠.

④ The doctors **are going to** go in and have their stomach exposed, and have it stapled off so that there'll be an upper pouch in the stomach which will hold about two ounces of food. It's got a little hole right in the middle of that pouch where food when it's finally ground up will slowly go through.³³

그 의사들은 그들(환자들)의 위를 노출시킬 것입니다. 그리고 위에 약 2온스의 음식을 담을 수 있는 위쪽 주머니가 생기도록 스테이플러로 고정시킬 것입니다. 그 주머니의 중심부에는 작은 구멍이 있는데 음식이 마침내 다 갈렸을 때 그 구멍을 통해 천천히 통과할 겁니다.

현재완료는 틀로 쓰고 자세한 설명에는 단순과거를 쓴다

틀로 사용되는 used to와 be going to의 단순한 공통점은 둘 다 모두 would와 will 보다 길이가 길다는 것이죠. 그럼 현재완료와 단순과거는 어떨까요? ⑤에서와 같이 단순과거보다 긴 **현재완료(have+p.p.)를 틀로 사용하고 단순과거는 자세한 설명을 할 때 사용합니다.**

⑤ I've been bit once already by a German shepherd. And that was something. It was really scary....I read the gas meter and was walking back out and heard a woman yell. I turned around, and this German shepherd was coming at me.[34]

_{나는 이미 한 번 독일산 셰퍼드에게 물린 적이 있어. 대단한 일이었지. 정말 무서웠어. … 내가 가스계량기를 읽고 밖으로 걸어 나가는 중에 여자가 소리 지르는 것을 들었지. 나는 돌아봤고 이 독일산 셰퍼드가 나에게 달려오는 중이었어.}

담화에서 틀로 사용되는 세 가지와 자세한 설명에 사용되는 세 가지를 표로 정리하면 다음과 같습니다.

틀 Frame	자세한 설명 Elaboration
used to	would
be going to	will
현재완료(have+p.p.)	단순과거(-ed)

 이것만은 확실히!

1. 현재완료는 정확한 과거 시점을 나타내는 표현과는 함께 사용될 수 없다.
   e.g. *I've seen *The Avengers* last week.

2. 담화의 응집력을 높이려면 모든 동사를 하나의 시제와 관련 있는 것으로 '얼려 놓는다'.
   e.g. I don't know what to do for my vacation. It starts in three weeks. I have saved enough money for a really nice trip.

3. 가까운 미래는 현재진행형으로, 스케줄 관련 미래는 단순현재로 나타낸다.
   e.g. What are you doing tomorrow?   It opens in July 2015.

4. 역사적 현재시제는 과거의 일을 생생하게 표현하기 위해 사용되고, 정확한 과거 시점을 나타내는 부사구와도 함께 사용될 수 있다.
   e.g. In 1917, Einstein publishes his theory of general relativity.

5. 긴 표현(used to, be going to, have+p.p.)을 담화의 틀로 사용하고 짧은 표현(would, will, -ed)을 자세한 설명에 사용한다.
   e.g. The bad thing was they used to laugh at us. They would laugh because we'd bring tortillas to lunch.

Grammar Upgrade

다음 두 문장에는 will과 be going to 중 어떤 것이 쓰이는 것이 좋을까요?

ⓐ **Look at those dark clouds. It _____ rain soon.**
저 먹구름 좀 봐. 곧 비가 올 거야.

ⓑ **What can I give Jaden for his birthday? Oh, I know. I _____ get him that new dinosaur toy.**
제이든 생일 선물로 뭘 사 주지? 아, 알았다. 그 새로 나온 공룡 장난감 사 주면 되겠다.

will은 be going to보다 격식 있는 표현입니다. 그래서 일상대화에서는 be going to(또는 be gonna)가 will보다 훨씬 자주 쓰이죠. 하지만 일상대화에서도 will과 be going to를 구별해서 사용해야 할 때가 가끔 있습니다. 예를 들어 ⓐ에서는 is going to를 사용해야 하고 ⓑ에서는 will을 사용해야하죠.

will과 달리 is going to는 현재형 동사 is를 포함하고 있기 때문에 현재와 좀 더 밀접한 관계가 있습니다. 그래서 ⓐ에서와 같이 눈앞에 보이는 증거(dark clouds)가 있을 때에는 will보다 is going to가 더 자연스럽습니다.[35] 하지만 ⓑ와 같이 그 자리에서 즉석으로 결정한 것에 대해 말할 때에는 will이 더 자연스럽습니다. be going to는 이미 사전에 결정한 것에 대해 말할 때 주로 쓰이기 때문이죠.[36]

자주 가는 스테이크 집에 저녁을 먹으러 가는 길에 남자가 여자 친구에게 다음과 같이 말합니다.

ⓒ **I'm gonna have the T-bone steak.** 나는 티본 스테이크를 먹을 거야.

그런데 레스토랑에 도착해서 웨이터에게는 I'll have the T-bone steak.라고 하죠. 여자 친구에게 am gonna를 사용한 것은 이미 사전에 결정한 것이기 때문이기도 하고 서로 막역한 사이이기 때문이기도 합니다. 하지만 웨이터에게는 격식을 갖추고 말을 해야 하므로 will을 사용한 것이죠.[37]

Lesson 10

준동사(부정사, 동명사, 분사)
Verbals: Infinitive, Gerund, & Participle

이런 말, 영어로 할 수 있나요?

ⓐ 나는 공부하기 위해 도서관에 갔다.
ⓑ 알람시계가 6시에 울리는 것을 들었다.
ⓒ 그 속임수가 통한 것 같다.
ⓓ 나는 새로운 언어를 배우길 희망한다.
ⓔ 내 동생이 당신을 집으로 태워다 드리도록 하겠습니다.

 ⓐ는 A의 ②-2번, ⓑ는 B의 ①-2번, ⓒ는 C의 ①-2번, ⓓ는 D의 ⑥-1번, ⓔ는 E의 ⑤-1번 문장을 보세요.

A 준동사의 역할

> 동사를 다른 역할로 사용하려면 준동사로 바꿔야 한다

부정사infinitive, 동명사gerund, 분사participle는 모두 동사에서 파생되었기 때문에 준동사라고 부릅니다. 동사를 다른 역할(명사, 형용사, 부사)로 사용하려면 준동사로 바꿔야 합니다.

①-1 I like **to watch** movies. 나는 영화 보는 것을 좋아해.
  부정사(명사적 용법)

①-2 I like **watching** movies. 나는 영화 보는 것을 좋아해.
  동명사

기본적으로 영어에서는 동사 두 개를 연이어서 사용할 수 없으므로 두 번째 동사 watch를 부정사 또는 동명사로 바꿔야 합니다. ①에서 to watch와 watching은 모두 like의 목적어로 사용되었으므로 명사의 역할을 합니다.

동명사는 명사 역할을, 부정사는 명사, 형용사, 부사 역할을 한다

항상 명사의 역할을 하는 동명사와 달리 부정사는 형용사, 부사의 역할을 하기도 합니다. to study가 ②-1에서는 명사 time을 꾸며 주므로 형용사 역할을 하고 있고 ②-2에서는 문장 전체를 꾸며 주므로 부사 역할을 하고 있습니다.

②-1 I don't have time to study. 나는 공부할 시간이 없다.
형용사적 용법

②-2 I went to the library to study. 나는 공부하기 위해 도서관에 갔다.
부사적 용법

분사는 동사와 형용사의 성질을 반씩 가지고 있다

준동사 중에서 동사와 가장 비슷한 것은 분사입니다. ③에서와 같이 진행형, 완료형, 수동태에서 조동사 be 또는 have와 함께 동사구를 이루기 때문이죠.

③-1 I am studying grammar.
be+현재분사 = 진행형
나는 문법을 공부하고 있다.

③-2 I have studied grammar before.
have+과거분사 = 완료형
나는 문법을 공부한 적이 있다.

③-3 I was taken care of by my grandparents.
be+과거분사 = 수동태
나는 조부모님에 의해 돌봐졌다.

> 분사(分詞)라는 이름은 동사의 성질과 형용사의 성질을 반씩 가지고 있다고 해서 붙여진 것입니다.

분사가 진행형, 완료형, 수동태에 사용되지 않을 때는 ④에서와 같이 형용사 역할을 합니다.

④-1 Does anybody have any burning questions about my new book? 제 새로운 책에 관해 꼭 물어보고 싶은 질문 있나요?

④-2 Why doesn't he throw away the broken vase?
왜 깨진 꽃병을 버리지 않지?

B 현수 수식어와 분사구문의 시제

문두에 위치한 분사구문은 주어를 꾸며 준다

분사와 마찬가지로 분사구문도 형용사 역할을 하고, 문두에 위치한 분사구문은 주어를 꾸며 줍니다.

①-1 *Lying in bed this morning, the alarm went off at 6 a.m.
(알람시계가) 오늘 아침에 침대에 누워 있는 동안에, 알람시계가 6시에 울렸다.

①-1이 비문인 이유도 분사구문 Lying in bed this morning이 주어 the alarm을 꾸며 줘서 '알람시계가 침대에 누워 있는 동안에'로 해석이 되기 때문이죠.

> 나무 사이에 매달린 현수막처럼 주어를 제대로 수식하지 못하고 그냥 매달려 있는 수식어라는 뜻에서 붙여진 이름입니다.

이런 오류를 현수 수식어dangling modifier라고 합니다. 현수 수식어를 수정하는 가장 쉬운 방법은 ①-2처럼 주어를 분사와 어울리는 것으로 바꿔 주는 것입니다.

①-2 Lying in bed this morning, I heard the alarm go off at 6 a.m.
(내가) 오늘 아침에 침대에 누워있는 동안에, 알람시계가 6시에 울리는 것을 들었다.

주어를 확인한 뒤 분사구문의 시제를 확인한다

그럼 ②-1에서는 Sleeping only three hours last night가 I를 잘 꾸며 주고 있는데 왜 비문일까요?

②-1 *Sleeping only three hours last night, I'm really tired.
어젯밤에 세 시간 밖에 자고 있지 않아서 나는 지금 아주 피곤해.

정답은 분사구문의 시제가 맞지 않아서입니다. 분사는 동사에서 온 것이기 때문에 시제도 생각해야 하죠. 잠을 잔 것은 어제고 피곤한 것은 지금이기 때문에 ②-2와 같이 Sleeping을 Having slept로 고쳐야 합니다.

②-2 Having slept only three hours last night, I'm really tired.
어젯밤에 세 시간밖에 못 자서 나는 지금 아주 피곤해.

Lying in bed와 같이 현재분사만 쓰인 분사구문의 시제를 단순시제라고 하고 Having slept only three hours와 같이 having+p.p.가 쓰인 분사구문의 시제를 완료시제라고 합니다.

분사구문은 주로 부사절로 바꿀 수 있다

분사구문은 주로 부사절을 줄여서 만듭니다. ②-2를 부사절이 포함된 복문으로 바꾸면 ③-1이 됩니다.

③-1 Because I slept only three hours last night, I'm really tired.

②-2에 Having이 있다고 ③-2처럼 되지는 않습니다. 현재완료와 정확한 과거 시점을 나타내는 부사구인 last night은 같이 쓰일 수 없기 때문이죠.

③-2 *Because I have slept only three hours last night, I'm really tired.

준동사구의 완료시제는 주절의 시제보다 빠른 시제

부사절에 have가 있지도 않은데 분사구문을 Having slept로 하는 이유는 ③-1에서 부사절의 동사 slept는 과거형이고 주절의 동사 am은 현재형이기 때문입니다.

부사절을 분사구문으로 바꾸면서 slept가 am보다 시제가 빠르다는 것을 보여 줘야 하는데, Sleeping으로 바꾸면 am과 시제가 같다는 의미가 되므로 Having을 붙여 주는 것이죠.

▶ 단순시제(-ing)   = 주절의 시제와 동일
▶ 완료시제(Having+p.p.) = 주절의 시제보다 빠름

| 과거분사로 시작하는 분사구문의 시제는 신경 쓸 필요가 없다 | ④처럼 분사구문이 과거분사로 시작할 때는 분사의 시제에 신경을 쓸 필요가 없습니다.

④ <u>Locked</u> in a tower, Rapunzel kept busy painting and playing
= Because she was locked
music. 탑에 갇혀 있었기 때문에 라푼젤은 그림을 그리고 음악을 하면서 바쁘게 지냈다. |

이유는 동작이나 사건이 진행 중인 느낌을 주는 현재분사와 달리 과거분사는 이미 종결된 상태를 나타내기 때문이죠. 〈분사구문에 관한 자세한 설명은 〈Writing 절대 매뉴얼-입문편〉의 〈Lesson 10: 분사구문〉과 〈Lesson 11: 현수 수식어〉참고〉

C 부정사구와 동명사구의 시제

부정사구의 단순시제와 완료시제의 구분은 회화에서도 중요하다

회화 위주로 영어를 공부하는 중이라면 현수 수식어와 분사구문의 시제는 신경 쓰지 않아도 됩니다. 부사절을 줄여서 분사구문으로 만드는 것은 문장의 간결성을 중요시하는 문어체만의 특성이기 때문이죠. 하지만 회화에서도 부정사구의 단순시제와 완료시제는 꼭 구별해야 합니다.

①-1 The trick seems to work. 그 속임수가 <u>통하는</u> 것 같다.
단순시제 = seems와 동일한 시제 = 현재

①-2 The trick seems to have worked. 그 속임수가 <u>통한</u> 것 같다.
완료시제 = seems보다 빠른 시제 = 과거

to work와 to have worked를 절로 풀어서 쓰면 ②와 같습니다. 분사구문과 마찬가지로 완료시제 to have worked를 절로 풀면 현재완료가 아닌 과거형 worked가 되죠.

②-1 It seems like the trick **works**.
= to work

②-2 It seems like the trick **worked**.
= to have worked

seem의 시제에 따라 부정사구의 뜻도 변한다

seem의 시제를 과거 seemed로 바꾸면 to work와 to have worked의 의미도 각각 like the trick worked와 like the trick had worked로 함께 바뀌게 됩니다.

③-1 The trick seemed to work. 그 속임수가 통하는 것 같았다.
단순시제 = seemed와 같은 과거시제
= It seemed like the trick worked.

③-2 The trick seemed to have worked. 그 속임수가 통한 것 같았다.
완료시제 = seemed보다 빠른 과거완료시제
= It seemed like the trick had worked.

seem의 시제 변화에 따라 ①-2의 to have worked와 ③-1의 to work가 절로 풀었을 때 똑같은 like the trick worked가 된다는 사실은 단순시제와 완료시제의 차이점을 확실히 알아야만 이해가 되는 현상입니다.

동명사구는 시제를 구분하지 않고 주로 단순시제로 사용한다

준동사 중 동사와 가장 먼 것은 동명사입니다. 명사로만 쓰이니 동사와 가까울 수가 없겠죠. 그래서 분사나 부정사와는 달리 단순시제와 완료시제를 꼭 구분할 필요도 없습니다. 이미 동사와는 너무 달라서 시제도 신경 쓸 필요가 없다는 얘기죠.

④-1 Thank you so much for coming.
단순시제 = Thank you와 같은 시제 = 현재
와 주셔서 대단히 감사합니다.

④-2 Thank you so much for having come.
완료시제 = Thank you보다 빠른 시제 = 과거
와 주셔서 대단히 감사합니다.

coming은 감사 인사를 하는 현재시점보다 과거에 발생한 일이므로 시제를 정확히 하자면 ④-2처럼 완료시제를 써서 having come이라고 해야 합니다. 하지만 거의 대부분의 사람들이 ④-1로 말하죠.

D 부정사와 동명사의 차이점

부정사의 명사적 용법과 동명사는 같은 역할을 한다

명사적 용법으로 쓰인 부정사와 동명사는 문법적으로는 같은 역할을 합니다. 그래서 많은 경우에는 ①처럼 두 용법을 서로 바꿔 쓸 수 있습니다.

① I love playing tennis. = I love to play tennis.
나는 테니스 치는 것을 아주 좋아한다.

주어로 사용된 부정사는 격언 같은 느낌을 준다

부정사와 동명사 모두 주어 자리에 사용될 수 있지만 일상대화에서는 부정사를 주어 자리에 잘 사용하지 않습니다.

②-1 Playing tennis is fun. 테니스를 치는 것은 재밌다.

②-2 ?To play tennis is fun.

부정사를 주어 자리에 사용하면 지나치게 격식적인 문장이 되어서 격언 같이 들리기 때문이죠. 다음 ③은 영국 시인 Alexander Pope의 잘 알려진 명언 중 하나입니다.

③ To err is human; to forgive, divine.
　　실수하는 것은 사람의 일이고 용서하는 것은 신의 일이다.

동명사는 구체적이고 실체가 있는 느낌을 준다

Pope의 명언 하나를 더 보겠습니다. ③과 달리 ④에서 동명사 learning을 사용한 이유는 **동명사는 구체적이고 실체가 있는 느낌을 주기 때문입니다.** 술부에서 a dangerous thing이 나왔기 때문에 실체가 있는 느낌을 주는 동명사 learning을 사용한 것이죠.

④ A little learning is a dangerous thing.
　　조금의 배움은 위험한 것이다.

부정사는 추상적이고 아직 현실화되지 않은 느낌을 준다

⑤는 Shakespeare의 *Hamlet*에 나오는 명대사입니다. 여기서 햄릿은 왜 Being or not being이라고 하지 않고 To be or not to be라고 했을까요?

⑤ To be or not to be, that is the question.
　　죽느냐 사느냐 그것이 문제로다.

부정사를 사용하면 추상적이고 아직 일어나지 않았거나 현실화되지 않았다는 느낌을 줍니다. 햄릿이 To be or not to be라고 한 이유도 아직 일어나지 않은 상황에 대해 말을 하고 있기 때문입니다.

부정사가 목적어인 동사는 아직 일어나지 않은 일을 말한다

부정사만을 목적어로 취하는 동사들은 희망, 예상, 결심(hope to, want to, expect to, decide to) 등과 관련된 뜻을 가지고 있습니다. 아직 일어나지 않은 일에 대한 서술을 하기 때문이죠.

⑥-1　I hope to learn a new language.
　　　나는 새로운 언어를 배우길 희망한다.

⑥-2　*I hope learning a new language.

구체적인 것만을 즐길 수 있으므로 enjoy는 동명사를 목적어로 취한다

반면에 즐기거나 그만두거나 미루거나 피하는 것에 대한 대상은 구체적이어야만 표현이 가능하므로 enjoy, quit, delay, avoid 등의 동사는 모두 동명사만을 목적어로 취합니다.

⑦-1 *I enjoy to learn a new language.

⑦-2 I enjoy learning a new language.
　　　나는 새로운 언어를 배우는 걸 즐긴다.

E

원형부정사

to 없이 동사원형만을 사용하는 것을 원형부정사라고 한다

원형부정사란 to없이 동사원형을 그대로 사용하는 것을 말합니다. ①-1의 call처럼 말이죠.

①-1 I'll have him call you back. 그가 너에게 전화하도록 할게.
　　　　　　　　원형부정사

①-2 *I'll have him to call you back.

원형부정사를 취할 수 있는 동사는 한정되어 있습니다. 거의 모든 동사는 아래의 want처럼 원형부정사를 취하지 않죠.

②-1 *I want you go home.

②-2 I want you to go home. 나는 네가 귀가하길 바라.
　　　　　　　to부정사

원형부정사를 취할 수 있는 동사는 크게 4가지로 나뉩니다.

> ⓐ see, hear, feel ⓑ have, make, let
> ⓒ help ⓓ go, come

see, hear, feel 은 현재분사도 취할 수 있다

지각동사 see, hear, feel은 원형부정사 외에 현재분사도 취할 수 있습니다. 원형부정사 close를 사용한 ③-1은 문이 닫히는 순간의 소리를 들었다는 뜻이고 현재분사 closing을 사용한 ③-2는 문이 닫히는 동안 나는 소리를 들었다는 뜻입니다.

③-1 I heard the door close. 문이 꽝 하고 닫히는 것을 들었다.

③-2 I heard the door closing. 문이 끼이익 하고 닫히는 것을 들었다.

> 과거분사 closed를 사용하면 "누군가에 의해 닫히는 소리를 들었다."라는 뜻이 되죠.

④-1은 '쥐 죽은 듯이 고요하다'라는 뜻으로 쓰이는 영어 표현입니다. 너무 조용해서 핀이 땅에 떨어질 때 내는 소리도 들을 수 있다는 말이죠.

④-1 It's so quiet (that) you could hear a pin drop.
너무 조용해서 핀이 땅에 떨어지는 소리도 들을 수 있다.

위 문장의 drop을 ④-2와 같이 dropping으로 바꾸면 핀이 떨어지면서 나는 소리를 들을 수 있다는 얘기가 되므로 좀 어색합니다. 하지만 가끔은 그만큼 조용하다는 것을 강조하기 위해서 쓰기도 하죠.

④-2 ?It's so quiet (that) you could hear a pin dropping.
= 핀이 떨어지면서 나는 소리

make는 강제, let 은 허락을 뜻한다

사역동사라고 불리는 have, make, let은 지각동사와는 달리 원형부정사만을 목적어로 취할 수 있습니다. '~을 ~하게 하다'의 뜻으로 사용하기 가장 무난한 것은 have입니다. make는 강제, let은 허락의 의미가 있기 때문이죠. get은 have와 뜻은 같지만 to부정사를 취해야 합니다.

> 사역(使役)은 '사람을 부려 일을 시키다'라는 뜻이죠.

⑤-1 I'll have my brother drive you home.
(=I'll get my brother to drive you home.)
내 동생이 당신을 집으로 태워다 드리도록 하겠습니다.

⑤-2 I'll make my brother drive you home.
강제로 내 동생이 당신을 집으로 태워다 드리도록 만들겠습니다.

⑤-3 I'll let my brother drive you home.
내 동생이 당신을 집으로 태워다 드리도록 허락하겠습니다.

help는 바로 뒤에 원형부정사를 취할 수 있다

help는 다른 동사와 달리 원형부정사와 to부정사를 모두 취할 수 있는데, 요즘은 주로 원형부정사를 사용하는 추세입니다.

⑥-1 I'll help you (to) finish your homework.
네가 숙제 마치는 것을 도와줄게.

⑥-2 Recycling helps improve the environment.
재활용은 환경을 개선시키는 데 도움이 된다.

to부정사와 원형부정사의 차이를 굳이 설명하자면 ⑥-1에서 원형부정사 finish는 숙제를 같이 해 주겠다는 의미이고 to finish는 숙제를 마칠 수 있도록 도와준다는 의미입니다. ⑥-2에서와 같이 help는 바로 뒤에 원형부정사를 취할 수도 있습니다.

일상대화에서는 go와 come도 원형부정사를 취한다

go와 come은 문법적으로는 원형부정사를 취할 수 없는 동사이지만 ⑦처럼 일상대화에서는 흔히 원형부정사와 함께 사용됩니다.

⑦-1 Let's go eat. I'm starving. 밥 먹으러 가자. 나 배고파 죽겠어.

⑦-2 Why don't you come sit here? 여기 와서 앉지 그래?

문법책에서는 go와 eat, come과 sit을 and로 연결해야 한다고 설명하지만 실제로 그렇게 말하는 사람은 거의 없죠.

1. 동명사는 명사 역할, 부정사는 명사, 형용사, 부사의 역할을 한다.
   e.g. I like watching movies.　　　I went to the library to study.

2. 분사는 동사와 형용사의 성질을 반반씩 가지고 있다.
   e.g. I'm studying grammar.
   Why doesn't he throw away the broken vase?

3. 준동사구의 단순시제는 주절의 시제와 동일하고 완료시제는 주절의 시제보다 빠른 시제를 나타낸다.
   e.g. The trick seems to have worked.
   = It seems like the trick worked.

4. 분사와 부정사의 시제는 꼭 구분해야 하지만 동명사는 거의 명사와 같기 때문에 시제를 구분하지 않고 단순시제로 주로 사용한다.
   e.g. Thank you for coming. = Thank you for having come.

5. 동명사는 구체적이고 실체가 있는 느낌을 주는 반면 부정사는 추상적이고 아직 현실화되지 않았다는 느낌을 준다.
   e.g. I enjoy learning a new language.
   I hope to learn a new language.

6. 다음 동사들은 목적어로 원형부정사를 취할 수 있다.

   ⓐ see, hear, feel　ⓑ have, make, let　ⓒ help　ⓓ go, come

   e.g. I heard the door close.
   Recycling helps improve the environment.

Grammar Upgrade

다음 문장의 빈칸에 들어갈 적절한 표현은 무엇일까요?

ⓐ I tried _____ you, but you didn't answer.
　　　　　to call / calling
전화를 했는데 네가 받지 않았어.

try는 remember, forget, regret과 같이 부정사를 목적어로 취했을 때와 동명사를 목적어로 취했을 때 의미가 달라지는 동사입니다. 부정사는 아직 일어나지 않은 일을 뜻하고 동명사는 반대로 이미 일어난 일을 뜻하죠.

ⓑ-1　Peter tried to go to Harvard.
　　　　　　　　= 일어나지 않은 일
　　　피터는 하버드 대학에 가려고 했다.

ⓑ-2　Peter tried going to Harvard.
　　　　　　　　= 일어난 일
　　　피터는 하버드 대학에 다녀보았다.

ⓒ-1　I always remember to turn off the computer.
　　　　　　　　　　　　= 일어나지 않은 일
　　　나는 항상 컴퓨터 끄는 것을 기억한다.

ⓒ-2　I remember turning off the computer yesterday.
　　　　　　　　　　= 일어난 일
　　　내가 어제 컴퓨터를 끈 것을 기억한다.

ⓓ-1　Don't forget to do your homework.
　　　　　　　　　= 일어나지 않은 일
　　　숙제하는 거 잊지 마.

ⓓ-2　I can't forget watching him die.
　　　　　　　　　= 일어난 일
　　　그가 죽는 것을 본 것을 잊을 수가 없다.

ⓔ-1 I regret to inform you that the concert has been canceled.
= 일어나지 않은 일
유감스럽게도 연주회가 취소되었음을 알려 드립니다.

ⓔ-2 I regret **telling** you that.
= 일어난 일
그걸 너한테 말한 것을 후회한다.

그래서 ⓐ의 빈칸에 들어갈 수 있는 건 이미 일어난 일을 나타내는 calling입니다. 전화를 해보지도 않고 but you didn't answer이라는 말을 할 수는 없기 때문이죠. 반면에 I tried to call은 '전화를 하려고 했는데'의 뜻이 됩니다.

Lesson 11

조건문
Conditional Sentences

> **이런 말, 영어로 할 수 있나요?**
> ⓐ 너무 열심히 뛰면 우리 모두 다 숨이 찬다.
> ⓑ 그럴 리는 없겠지만 만약 내가 아프게 되면, 파티에 가지 않을 것이다.
> ⓒ 만약 이번 여름에 유럽을 간다면, 너를 방문할 수 있을 것이다.
> ⓓ 아침을 먹었더라면 (지금) 배가 고프지 않을 것이다.
>
> 정답 ⓐ는 B의 ①-2번, ⓑ는 ③번, ⓒ는 C의 ③-1번, ⓓ는 ⑤-1번 문장을 보세요.

조건문과 가정법

조건문에 가정법이 항상 사용되는 것은 아니다

가정법을 처음 배울 때 일반적으로 ①, ②처럼 조건문에 나타나는 가정법으로 배우기 때문에 조건문과 가정법이 같다고 잘못 생각하는 경우가 많습니다.

① **If I were Spiderman**, I would be living in New York City.
만약 내가 스파이더 맨이라면, 나는 뉴욕 시에 살고 있을 것이다.

② **If Peter Parker had stopped the robber**, Uncle Ben wouldn't have been murdered.
만약 피터 파커가 강도를 잡았더라면, 벤 삼촌은 살인을 당하지 않았을 것이다.

하지만 다음의 ③처럼 가정법이 사용되지 않은 조건문도 있고 ④처럼 조건문이 아닌 일반 문장에서도 가정법이 사용될 수도 있습니다.

③ **If I get sick**, I won't go to the party.
    조건절
만약 내가 아프게 되면, 파티에 가지 않을 것이다.

④ I wish I were Iron Man. 내가 아이언 맨이라면 좋을 텐데……
   _____
   가정법

조건문은 사실, 미래, 상상 조건문으로 나뉜다

말 그대로 조건문은 조건절(= if절)이 포함된 문장입니다. 아래 그림에서 볼 수 있듯이 조건문의 종류는 세 가지가 있습니다. 그중 가정법이 쓰이는 것은 ⓒ상상 조건문 하나뿐입니다.[38]

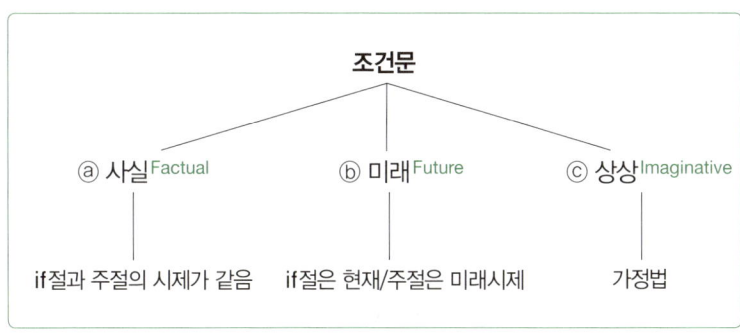

B 사실 조건문과 미래 조건문

if절과 주절의 시제가 일치하면 사실 조건문

사실 조건문의 가장 큰 특징은 if절과 주절의 시제가 일치한다는 것입니다.

①-1 If I kissed her, she smiled.
      내가 뽀뽀를 하면 그녀는 미소를 지었다.

①-2 If we run too hard, we all get out of breath.
      너무 열심히 뛰면 우리 모두 다 숨이 찬다.

①-3 If you'll bring some wine, I'll bring some beer and potato chips.[39] 네가 포도주를 가져오면 내가 맥주와 감자 칩을 가져올게.

If절이 현재시제이고 주절이 미래시제면 미래 조건문

①-3은 if절에 현재시제를 사용하여 ②와 같이 미래 조건문으로 바꿀 수도 있습니다. 시간을 나타내는 부사절과 마찬가지로 미래 조건문의 if절에서는 현재시제가 미래시제를 대신하죠.

② If you bring some wine, I'll bring some beer and potato chips.

①-3과 ②의 차이점은 무엇일까요? 미묘한 차이지만 ①-3이 더 공손한 표현입니다. ②는 '네가 포도주를 가져오지 않으면 나도 맥주와 감자 칩을 가져오지 않겠다.'로 해석될 수도 있습니다.

하지만 ①-3은 불변진리의 서술에 사용되는 사실 조건문을 사용했기 때문에 조건의 의미를 덜 가지고 있습니다. 그래서 ②보다 공손한 표현이 되는 것이죠.

또한 과거시제와 마찬가지로 현재시제 대신 미래시제(will)를 사용하면 청자에게 적절한 심리적 거리감을 주게 되므로 공손한 표현이 됩니다. (〈Lesson 4: 공손함 표현하기〉 참고) 좋은 예로 고급 레스토랑의 웨이터가 손님을 자리로 안내할 때 This will be your table이라고 하는 경우가 있습니다.[40]

조건의 발생 확률을 낮추려면 if절에 should를 쓴다

미래 조건문에서 한 가지 꼭 짚고 넘어가야 할 것은 ③과 같이 if절에 should가 나오는 문장입니다.

③ If I should get sick, I won't go to the party.
그럴 리는 없겠지만 만약 내가 아프게 되면, 파티에 가지 않을 것이다.

should를 사용하지 않고 If I get sick이라고 하면 듣는 사람은 내가 아플 것 같아서 미리 그런 말을 하는지도 모른다고 생각할 수 있습니다. 그런 오해를 미연에 방지하기 위해 '그럴 리는 없지만 정말 혹시 만약에…'라는 뜻으로 if절을 사용하고 싶을 때 should를 사용하면 됩니다.

C 상상 조건문

가정법을 사용하면 상상 조건문

다른 조건문과 달리 상상 조건문에서는 가정법을 사용해야 합니다. 가정법의 특징은 현재 상황을 가정할 때는 과거시제를 사용하고 과거 상황을 가정할 때는 과거완료시제를 사용한다는 것입니다. 또 한 가지 특이한 것은 be동사는 모두 were가 된다는 것입니다.

> 일상대화에서는 was를 사용하기도 합니다.

① **If I were Spiderman, I would be living in New York City.**
   ▶ 현재 상황을 가정하는 것이므로 과거시제인 were와 would be가 사용됨

② **If Peter Parker had stopped the robber, Uncle Ben wouldn't have been murdered.**
   ▶ 과거 상황을 가정하는 것이므로 과거완료시제인 had stopped와 wouldn't have been이 사용됨

미래형을 현재형과 구분하려면 if절에 were to를 쓴다

미래 상황을 가정할 때는 현재 상황과 똑같이 과거시제를 사용합니다. 조건절에서는 현재가 미래를 대신하기 때문이죠.

③-1 **If I went to Europe this summer, I could visit you.**
   만약 이번 여름에 유럽을 간다면, 너를 방문할 수 있을 것이다.

미래 상황이라는 것을 확실히 나타내 주고 싶을 때는 ③-2와 같이 were to를 사용하면 됩니다. 미래 또는 의무를 표현하는 be to용법 (예 You are to finish your homework before dinner.(저녁 식사 전에 숙제를 마쳐야 한다.))을 과거형으로 사용한 것이죠.

③-2 If I were to go to Europe this summer, I could visit you.
  만약 이번 여름에 유럽을 간다면, 너를 방문할 수 있을 것이다.

많은 문법책들이 were to는 '실현 불가능한 미래의 가정'을 나타낸다고 하는데 꼭 그렇지는 않습니다. 충분히 실현 가능한 미래를 가정할 때도 were to를 사용할 수 있죠.

상상 조건문은 미래 조건문보다 공손한 표현

미래 상황을 가정할 때는 물론 ③-3과 같이 미래 조건문을 쓸 수 있습니다.

③-3 If I go to Europe this summer, I can visit you.

미래 조건문을 쓰면 상상 조건문을 사용했을 때보다 화자의 확신이 더 드러납니다. 그럼 다음 두 예문의 차이는 무엇일까요?

④-1 If you clean my room, I'll give you $20.   `미래 조건문`
  내 방을 청소해 주면, 20불을 주겠다.

④-2 If you cleaned my room, I'd give you $20.   `상상 조건문`
  내 방을 청소해 주면, 20불을 줄 텐데······.

④-2에는 과거시제가 사용되었기 때문에 ④-1보다 공손한 느낌을 줍니다.(〈Lesson 4: 공손한 표현하기〉 참고) ④-1은 청자가 내 방을 치워줄 것이라는 확신이 있을 때 사용하고 ④-2는 그런 확신이 없을 때 사용한다는 설명은 맞지 않습니다. 확신 여부와 상관없이 ④-2는 **일부러 불확실하게 표현함으로써 상대방이 거절할 수 있는 말미를 주는 것**이기 때문이죠.

If절과 주절에 다른 가정법시제가 쓰이면 혼합 조건문

if절에 과거완료가 쓰인 경우, 주절에는 would have+p.p.가 쓰인다고 기계적으로 암기한 학생들은 ⑤-1 문장을 보고 틀렸다고 생각합니다. 하지만 ⑤-2와 같이 시제를 일치시키면 뜻이 달라지죠.

⑤-1 If I had eaten breakfast, I wouldn't be hungry.
　　　　　　과거 상황　　　　　　　　현재 상황
　　　아침을 먹었더라면 (지금) 배가 고프지 않을 것이다.

⑤-2 If I had eaten breakfast, I wouldn't have been hungry.
　　　　　　과거 상황　　　　　　　　　과거 상황
　　　아침을 먹었더라면 (아침에) 배가 고프지 않았을 것이다.

⑤-1과 같이 **if절과 주절에 다른 가정법시제가 사용된 조건문**을 혼합 조건문mixed conditional이라고 합니다. 물론 ⑥-1과 같이 if절이 현재 상황이고 주절이 과거 상황인 혼합 조건문도 있습니다. ⑥-1을 평서문으로 바꾸면 ⑥-2가 되죠.

⑥-1 If she were an honest person, she wouldn't have lied
　　　　　현재 상황　　　　　　　　　　　　　과거 상황
　　　yesterday. 정직한 사람이었다면, 거짓말을 하지 않았을 것이다.

⑥-2 Because she is not an honest person, she lied yesterday.
　　　　　　　　현재　　　　　　　　　　　　　　과거
　　　정직하지 않은 사람이기 때문에, 그녀는 어제 거짓말을 하였다.

이것만은 확실히!

1. If절과 주절의 시제가 일치하면 사실 조건문이다.
   e.g. If we run too hard, we all get out of breath.

2. 조건의 발생 확률을 낮추려면 if절에 should를 쓴다.
   e.g. If I should get sick, I won't go to the party.

3. 상상 조건문은 미래 조건문보다 공손한 표현이다.
   e.g. If you cleaned my room, I'd give you $20.

4. If절과 주절에 다른 가정법시제가 사용되었으면 혼합 조건문이다.
   e.g. If I had eaten breakfast, I wouldn't be hungry.
   　　　　　　과거 상황　　　　　　　　현재 상황

Grammar Upgrade

미국 엘리베이터 안에는 항상 다음과 같은 문구가 포함된 표지판이 있습니다. 이게 도대체 무슨 말일까요?

> Should the elevator doors fail to open, please do not become alarmed.

문장구조는 의문문인 것 같은데 문장 끝에는 물음표가 아닌 마침표가 있습니다. 이 문장을 이해하려면 조건절의 조동사(또는 be 동사)는 If를 생략한 뒤 문두로 도치시킬 수 있다는 것을 알아야 합니다.

> A You didn't know that there is a test today?
>   오늘 시험 있는 거 몰랐어?
>
> B No! Had I known that, I certainly would've studied.
>   = If I had known
>   아니! 알았으면 분명 공부를 했겠지.

Had I known that과 마찬가지로 Should the elevator doors fail to open 또한 조건절의 If를 생략하고 should을 문두로 보낸 형태입니다.

> <u>Should the elevator doors</u> fail to open, please do not
>   = If the elevator doors should
> become alarmed.
> 그럴 리는 없겠지만 만약 엘리베이터 문이 열리는 데 실패하면 불안해하지 마시오.

Lesson 12

가정법
Subjunctive Mood

이런 말, 영어로 할 수 있나요?
ⓐ 내 말을 좀 들어주면 좋을 텐데…….
ⓑ 그녀는 마치 오바마 대통령을 만났던 것 같이 얘기한다.
ⓒ 너 집에 갈 시간인데.
ⓓ 그가 당장 집으로 보내질 것을 제안한다.

정답 ⓐ는 A의 ③-1번, ⓑ는 B의 ②-2번, ⓒ는 ③-1번, ⓓ는 ⑤-1번 문장을 보세요.

A Wish 가정법

가정법에 상당하는 문장형태는 존재하지 않는다

많은 문법책들이 영어에는 ⓐ직설법Indicative mood, ⓑ명령법Imperative mood, ⓒ가정법Subjunctive mood이 있다고 설명합니다. 이 세 가지 법의 분류는 동사 어미의 형태가 바뀌는 라틴 어의 분류를 그대로 가져온 것으로, 현대 영어에서는 법에 따라 동사 어미의 형태가 변하지 않고 평서문, 명령문 등의 문장 형태로 법mood을 나타냅니다.[41] 반면 가정법에 상당하는 문장 형태는 따로 존재하지 않습니다.

> mood는 라틴 어 modus에서 나온 mode(방법)와 같은 뜻입니다. modal(법 조동사)도 같은 어원을 가지고 있죠.

현재를 가정할 때는 과거시제, 과거를 가정할 때는 과거완료시제를 쓴다

가정법과 조건문이 같은 것으로 혼동되는 이유도 '가정문'이라는 문장 형태는 따로 없고 조건문에 가정법이 자주 쓰이기 때문입니다. 하지만 가정법은 조건문이 아닌 다른 문장에서도 사용될 수 있죠. 그중 대표적인 것이 동사 wish와 함께 쓰이는 가정법입니다.

① I wish you were here now.
　　당신이 지금 여기에 있었으면 좋을 텐데…….
　　▶ 현재 상황을 가정하므로 과거시제인 were가 사용됨

② I wish you had been here last year.
　　당신이 작년에 여기에 있었더라면 좋았을 텐데…….
　　▶ 과거 상황을 가정하므로 과거완료시제인 had been이 사용됨

가정법 시제의 특징은 ①처럼 현재 상황을 가정할 때는 과거시제를 사용하고 ②처럼 과거 상황을 가정할 때는 과거완료시제를 사용한다는 것이죠.

hope는 절대 가정법과 함께 쓰이지 않는다

사실과 반대되는 상황을 가정하는 ①, ②와 달리 ③-1은 미래를 나타내는 would와 함께 사용되었으므로 일어날 수도 있는 일을 의미합니다. 그럼 ③-1과 ④-1의 차이점은 무엇일까요?

③-1　I wish you would listen to me. 내 말을 좀 들어주면 좋을 텐데…….

③-2　I hope you will listen to me. 내 말을 들어 주길 바라.

③-1은 상대방이 내 말을 들으려고 하지 않을 때 사용하는 표현입니다. 말다툼할 때 자주 사용되죠. 반면에 ③-2는 내가 할 말을 잘 들어달라는 부탁입니다. 중요한 것은 wish는 항상 가정법과 함께 쓰이지만 hope는 절대 가정법과 함께 쓰일 수 없다는 것입니다.

④-1　*I wish you will listen to me.

④-2　*I hope you would listen to me.

'We wish you +명사/형용사'는 불가능한 일을 바랄 때 사용되지 않는다	그런데 왜 우리가 잘 아는 크리스마스 캐럴에서는 hope가 아니고 wish가 쓰였을까요? ⑤-1　We wish you a Merry Christmas. [캐럴] 좋은 크리스마스가 되길 바라. ⑤-2　*We hope you a Merry Christmas. ⑤처럼 you 뒤에 명사가 올 때에는 hope를 사용할 수 없습니다. ⑥과 같이 you 뒤에 형용사(또는 부사)가 올 때에도 hope를 사용할 수 없죠. ⑥-1　I wish you well. 네가 잘 되길 바라. ⑥-2　*I hope you well. 많은 사전과 문법책에서 wish는 '가능성이 낮거나 불가능한 일을 바랄 때 사용된다.'라고 설명합니다. 하지만 그것은 ①, ②, ③과 같이 wish 다음에 절이 사용되었을 때에만 맞는 설명입니다. We wish you a Merry Christmas and a Happy New Year~♪라고 캐럴을 불러 주며 가능성이 낮거나 불가능한 일이라고 생각하는 사람은 아무도 없겠죠.

B

그 밖의 가정법

가정법은 상상 조건문에서도 사용된다	가정법은 wish가 없어도 물론 사용할 수 있습니다. 가장 대표적인 것은 상상 조건문에 사용된 가정법이죠. 2009년에 개봉한 영화 〈프로포즈(*The Proposal*)〉의 마지막 장면에서 사랑하지만 떠나기로 결심한 여주인공이 남주인공에게 다음과 같은 말을 합니다.

① I think it would just be a lot easier if we forgot everything that happened and I just left.
그동안의 일은 다 잊고 제가 떠나는 게 훨씬 더 쉬울 것 같아요.

사랑하는 사람에게 마음에도 없는 말을 현재시제를 사용하여 직설법으로 말할 수 있는 강심장은 아무도 없겠죠. (상상 조건문에 사용된 가정법의 자세한 설명은 〈Lesson 11: C. 상상 조건문〉 참고)

가정법은 as if(as though)…와 It's time…과도 사용된다

가정법은 as if… 또는 as though…와도 사용될 수 있습니다.

②-1 She talks as if (as though) she knew everything.
= She doesn't know everything.
그녀는 마치 모든 것을 아는 것처럼 얘기한다.

②-2 She talks as if (as though) she had met President Obama.
= She didn't meet President Obama.
그녀는 마치 오바마 대통령을 만났던 것 같이 얘기한다.

가장 특이한 가정법은 It's time…과 함께 쓰이는 가정법이죠.

③-1 It's time you went home. 너 집에 갈 시간인데.
= It's high time you went home.
= It's about time you went home.

It's time…에 가정법이 쓰이는 이유는 과거동사를 사용해서 이미 했었어야 할 일을 아직 하지 않았다는 것을 표현하기 위해서입니다. 가정법을 사용하지 않고 ③-2라고 할 수도 있지만 ③-1이 좀 더 공손한 표현으로 들립니다. 과거형 went를 사용했기 때문이죠. (〈Lesson 4: 공손함 표현하기〉 참고)

③-2 It's time for you to go home. 너 집에 갈 시간이야.

가정법은 동사원형으로도 표현된다	가정법은 ④처럼 동사원형으로 표현되기도 합니다. 가정법이 사용된 상상 조건문에서 if를 생략하고 동사를 앞으로 뺄 수 있는 것과 같이, ④에서도 whether를 생략하고 be를 주어 앞으로 보낼 수 있죠.

④ I don't want fish, whether it **be** raw or cooked.
　　　　　　　　　　　　　= **be** it raw or cooked.
　　난 생선은 원하지 않아, 날것이건 익힌 것이건.

가정법 동사원형은 suggest, important와도 사용된다	동사원형으로 표현되는 가정법이 생소하게 느껴질 수도 있지만, insist, demand, request, recommend, advise, suggest, propose 등과 같은 동사 뒤에서는 자주 사용되는 용법입니다.

⑤-1　I suggest **that he be sent home at once.**
　　　그가 당장 집으로 보내질 것을 제안한다.

⑤-2　I suggest **that he not be sent home.**
　　　그가 집으로 보내지지 않을 것을 제안한다.

가정법 동사원형은 important, imperative, essential, critical, necessary, vital과 같은 형용사와도 함께 사용됩니다. ⑤, ⑥ 모두 be와 not be 앞에 should를 사용하는 것도 가능하지만 미국 영어에서는 should를 주로 생략합니다. 영국 영어에서는 should를 주로 사용하죠.

⑥-1　It's important **that he be sent home at once.**
　　　그가 당장 집으로 보내지는 것이 중요하다.

⑥-2　It's important **that he not be sent home.**
　　　그가 집으로 보내지지 않는 것이 중요하다.

가정법 동사원형과 함께 쓰이는 suggest와 같은 동사들과 imperative와 같은 형용사들은 모두 사태의 중요성 또는 절박감을 나타내 줍니다.

이것만은 확실히!

1. 현재를 가정할 때는 과거시제를 사용하고 과거를 가정할 때는 과거완료시제를 사용한다.
   - e.g. I wish you were here now.
     I wish you had been here last year.

2. wish 뒤에 절이 왔을 때는 항상 가정법이 쓰이지만 hope는 절대 가정법과 함께 쓰이지 않는다.
   - e.g. I wish you would listen to me.   I hope you will listen to me.

3. 가정법은 as if(as though)…와 It's time…과도 사용된다.
   - e.g. She talks **as if** she knew everything.
     It's time you went home.

4. 가정법은 동사원형으로도 표현된다.
   - e.g. I don't want fish, whether it be raw or cooked.

5. 가정법 동사원형은 suggest, important와도 사용된다.
   - e.g. I **suggest** that he be sent home.
     It's **important** that he not be sent home.

Grammar Upgrade

〈매트릭스 3 레볼루션(*The Matrix Revolutions*)〉에서 여주인공인 Trinity가 죽기 전에 남자 주인공인 Neo와 다음과 같은 대화를 나눕니다. Trinity는 1편에서도 죽는데 초능력을 가진 Neo가 다시 살려주죠. 그 당시 죽기 전에 한 말을 떠올리며 하는 대화입니다.

Trin Do you remember… the last thing I said to you?
Neo You said, "I'm sorry."
Trin I <u>wish</u> I <u>hadn't</u>. That was my last thought. I <u>wished</u> I <u>had</u> one more chance, to say what really mattered, to say how much I loved you, how grateful I was for every moment I was with you.

T 내가 당신에게 (죽기 전에) 마지막으로 한 말 기억해요?
N "미안해요."라고 말했죠.
T 그 말 한 걸 후회해요. 그게 제 마지막 생각이었어요. 한 번 더 기회가 있었으면 좋겠다고 생각했어요. 정말 중요한 것을 말할 수 있는 기회, 당신을 얼마나 사랑했는지, 당신과 지낸 모든 시간에 대해 얼마나 고마워했는지 고백할 수 있는 기회.

I <u>wish</u> I <u>hadn't</u> (said that).와 I <u>wished</u> I <u>had</u> one more chance.는 모두 과거 상황을 가정하고 있습니다. 그런데 왜 두 번째 문장은 과거완료를 사용하지 않았을까요?

wish와 함께 사용된 가정법의 시제를 정확히 말하면 '현재 상황을 가정할 때는 과거시제를 사용하고 과거 상황을 가정할 때는 과거완료시제를 사용한다.'가 아니라, 분사구문의 시제와 같은 원리로 이해해야 하기 때문입니다. 〈Lesson 10: B. 현수 수식어와 분사구문의 시제〉 참고.

Grammar Upgrade

> ▶ wish의 시제와 같은 상황을 가정할 때는 과거시제를 쓴다.
> ▶ wish의 시제보다 하나 더 과거 상황을 가정할 때는 과거완료를 쓴다.

이와 같은 원리로 생각하면 다음 네 문장이 왜 문법적으로 맞는 문장인지 이해가 됩니다.

ⓐ-1 I wish (now) I had one more chance (now).
  ▶ 현재형 wish와 같은 상황을 가정하므로 과거시제 사용

ⓐ-2 I wish (now) I had had one more chance (last year).
  ▶ 현재형 wish보다 하나 더 과거 상황을 가정하므로 과거완료시제 사용

ⓑ-1 I wished (last year) I had one more chance (last year).
  ▶ 과거형 wished와 같은 상황을 가정하므로 과거시제 사용

ⓑ-2 I wished (last year) I had had one more chance (the year before).
  ▶ 과거형 wished보다 하나 더 과거 상황을 가정하므로 과거완료시제 사용

의문문과 부정문
Interrogative & Negative Sentences

이런 말, 영어로 할 수 있나요?

ⓐ 커피 드시겠어요?
ⓑ 먹는 것도 안 되고 마시는 것도 안 됨
ⓒ 나에게 생일은 다른 날과 똑같다.
ⓓ 제가 잃어버린 공주죠. 안 그런가요?
ⓔ 누가 이길 거라고 생각해?

정답 ⓐ는 A의 ⑤-1번, ⓑ는 B의 ③-1번, ⓒ는 ⑤-2번, ⓓ는 C의 ②번, ⓔ는 D의 ②-2번 문장을 보세요.

의문문과 부정문의 공통점

의문·부정문을 만들 때는 조동사 do를 사용한다

의문문과 부정문은 비슷한 게 많습니다. 의문문을 만들 때도 조동사 do가 필요하고 부정문을 만들 때도 do가 필요하죠.

①-1 <u>Do</u> you play tennis?   너 테니스 치니?

①-2 I <u>do</u> not play tennis.   난 테니스 안 쳐.

의문·부정문에만 사용되는 어구가 있다

ever, at all과 같이 평서문에는 사용할 수 없고 의문문과 부정문에만 사용할 수 있는 어구들도 있습니다.

②-1 *I have <u>ever</u> been to Paris.

②-2 *I like it <u>at all</u>.

③-1 Do you <u>ever</u> go to the library?   너 도서관에 가기는 하니?

③-2 Is that <u>at all</u> possible?   그게 가능하기는 한 거야?

③-3　I'm not going there ever again. 난 거기는 절대 다신 안가.

③-4　I don't like this at all. 나는 이거 전혀 안 좋아해.

의문·부정문에서는 some이 any로 바뀐다?

그리고 평서문에 사용된 some은 의문문과 부정문에서 any로 바뀐다고 배웠죠.

④-1　I need some water. 난 물이 좀 필요해.

④-2　Do you need any water?

④-3　I don't need any water.

하지만 의문문에서도 some을 사용할 수 있습니다. any와 약간의 이미 차이가 있을 뿐이죠.

⑤-1　Would you like some coffee? 커피 드시겠어요?

⑤-2　Would you like any coffee? 커피 드시고 싶으세요?

some이 들어간 의문문은 권유에 가깝습니다. ⑤-2는 진짜 의문문이지만 ⑤-1은 Please, have some coffee.와 비슷한 뜻이죠.

B

Some과 Any

부정문에 사용된 some은 부분 부정을 나타낸다

some은 ①-3과 같이 부정문에도 사용될 수 있습니다. 부정문에 사용된 some은 강세를 받죠.

①-1　He has some books. 그는 몇 권의 책을 가지고 있다.

①-2　He doesn't have any books.　[전체 부정]
　　　그는 어떤 책도 가지고 있지 않다.

①-3　He doesn't have some books.　[부분 부정]
　　　그는 몇 권의 책은 없다. (= 몇 권의 책은 있다.)

전체 부정을 하려면 and를 or로 바꿔야 한다

some을 any로 바꿔서 부정을 하면 전체 부정이 됩니다. 하지만 부정문에 some을 그대로 두면 부분 부정이 되죠. 이와 똑같은 규칙이 and와 or에도 적용됩니다.

②-1　He has a son and a daughter.
　　　그는 아들과 딸이 있다.

②-2　He doesn't have a son or a daughter.　[전체 부정]
　　　그는 아들도 없고 딸도 없다.

②-3　He doesn't have a son and a daughter.　[부분 부정]
　　　그는 아들과 딸이 모두 있지는 않다. (= 아들과 딸 중 하나만 있다.)

and를 or로 바꿔서 부정을 하면 전체 부정이 되고 and를 그대로 두면 부분 부정이 되죠. 한국에서 가끔 볼 수 있는 No Eating and Drinking이라는 표지판도 부분 부정을 하고 있으므로 정확한 뜻은 '둘 중 하나는 해도 된다'가 됩니다. 전체 부정을 하려면 or를 사용해야 하죠.

③-1　No Eating or Drinking　[전체 부정]
　　　먹는 것도 안 되고 마시는 것도 안 됨

③-2　No Eating and Drinking　[부분 부정]
　　　먹고 마시는 것을 동시에 하면 안 됨
　　　(= 먹는 것과 마시는 것을 따로 하면 됨)

평서문에 쓰인 any는 단수 명사와 사용된다

의문문과 부정문에 사용된 any는 ④와 같이 단수형 명사와 쓰일 수 없습니다. 항상 복수형 명사 또는 any water처럼 셀 수 없는 명사와 함께 쓰여야 합니다.

④-1 *Does he have any book?

④-2 *He doesn't have any book.

하지만 ⑤와 같이 **평서문에 사용된 any는 단수형 명사와 함께 쓰이고 강세를 받습니다.**

⑤-1 Any book is good for improving your English skills.
영어 실력을 향상시키는 데는 어떤 책이든 좋다.

⑤-2 My birthday is like any other day to me.
나에게 생일은 다른 날과 똑같다.

평서문에서 단수 명사와 사용된 some은 경멸하는 어조로 들릴 수 있다

any가 의문문과 부정문에서는 복수형 명사와 사용되는 것처럼 some도 평서문에서는 ⑥-1처럼 복수형 명사와 주로 사용됩니다. 하지만 가끔 ⑥-2처럼 **단수형 명사와 사용되기도 합니다. 그럴 경우 경멸하는 어조가 될 수 있다는 것에 유의해야 하죠.**

⑥-1 *He needs some book. → He needs some books.

⑥-2 Some guy named Isaiah is teaching Practical English Grammar. Isaiah라는 녀석이 실용 영문법 수업을 가르치고 있지.

C 부가의문문과 선택의문문

긍정문에는 부정 부가의문문을, 부정문에는 긍정 부가의문문을 쓴다

평서문의 끝에 isn't he? 또는 is he? 등을 추가하여 질문하는 것을 부가의문문이라고 합니다. ①-1, ①-2와 같이 긍정문에서는 부정으로 물어보고 부정문에서는 긍정으로 물어보죠.

①-1 He's from Canada, isn't he? 그는 캐나다 사람이지, 그렇지 않니?

①-2 He's not from Canada, is he? 그는 캐나다 사람 아니지, 그러니?

부가의문문에서는 보통 is he not?처럼 풀어서 쓰지 않습니다. 너무 격식 있는 말투가 되어 버리기 때문이죠. 그럼 주어가 I일 때는 어떡할까요?

ain't I 대신 aren't I를 쓴다

디즈니 영화 〈라푼젤(*Tangled*)〉에서 그 예를 보겠습니다. 자신이 잃어버린 공주라는 것을 깨달은 라푼젤이 이렇게 말합니다.

② I am the lost princess, aren't I? 제가 잃어버린 공주죠, 안 그런가요?

am과 not을 축약하면 ain't가 되는데, 현대 영어에서는 ain't를 표준어로 사용하지 않습니다. 그래서 주어가 I인 경우에는 aren't I라고 하죠.

자신의 확신을 확인하려면 내려가는 억양의 부가의문문을 쓴다

부가의문문의 억양은 Yes/No 의문문처럼 올릴 수도 있고 Wh-의문문처럼 내릴 수도 있습니다. 억양을 올리면 진짜 의문문이 되고, 억양을 내리면 자기가 맞다는 확신을 가진 채 단순히 사실 여부를 확인하는 의미가 됩니다.

②는 라푼젤이 스스로 잃어버린 공주라는 것을 깨닫고 한 말이므로 내려가는 억양을 사용해 aren't I?라고 물어야 하죠.

선택을 요하는 의문문에서는 끝을 내리는 억양을 쓴다

③처럼 or를 사용한 선택의문문에서도 부가의문문과 같이 두 가지의 억양이 가능합니다.

③-1 A Would you like coffee or tea? B Coffee, please.

③-2 A Would you like coffee or tea? B Yes, please.

커피와 차 둘 중에 하나를 선택하는 질문이라면 ③-1과 같이 coffee에서는 억양을 올리고 tea에서는 내립니다. 반대로 "커피나 차 같은 것 드시겠어요?"라는 뜻으로 질문할 때는 ③-2와 같이 끝의 억양이 올라가죠. 똑같은 문장이라도 답이 달라지는 이유는 질문의 억양이 다르기 때문입니다.

D 간접의문문

간접의문문에서는 주어·동사 도치가 일어나지 않는다

직접의문문과 달리 간접의문문에서는 주어, 동사를 도치시키거나 조동사 do를 사용하지 않습니다.

①-1 I don't know who he is. 나는 그가 누구인지 몰라.
*who is he

①-2 Do you know what he does? 너는 그가 뭐하는지 알아?
*what does he do

| 생각을 나타내는 동사가 간접의문문에 쓰일 땐 의문사를 문장 앞에 쓴다 | 반면 guess, think, suppose, believe, imagine과 같이 생각을 나타내는 동사가 간접의문문에 사용되었을 때에는 의문사를 문장 앞에 씁니다.

②-1 What did you **guess** this was?
이게 무엇이라고 추측했어?

②-2 Who do you **think** is going to win?
누가 이길 거라고 생각해?

②-3 Why do you **suppose** the accident happened?
그 사고가 왜 일어났다고 추정하십니까?

②-4 Where do you **believe** you'll go when you die?
죽으면 어디로 갈 것이라고 믿으세요?

②-5 How do you **imagine** you'll feel when you receive the award? 그 상을 받을 때 기분이 어떨 것이라고 상상하세요?

how come은 why와 같은 뜻이지만 항상 간접의문 어순을 쓴다 | 일상 대화에서 자주 쓰이는 how come은 why와 같은 뜻인데 ③-1과 같이 직접의문에 사용될 때도 간접의문의 어순을 사용합니다. ③-2와 같이 간접의문에도 사용될 수 있지만 간접의문에서는 why가 훨씬 자주 사용되죠.

③-1 How come she didn't come to the party last night?
= Why didn't she come
어제 밤에 그녀는 왜 파티에 오지 않았지?

③-2 I don't know how come she didn't come.
= why she didn't come
나는 그녀가 왜 오지 않았는지 몰라.

 이것만은 확실히!

1. some이 사용된 의문문은 권유에 가깝다.
   - e.g. Would you like **some** coffee? = Please, have **some** coffee.

2. 부정문에 사용된 some은 부분 부정을 나타낸다.
   - e.g. He doesn't have **some** books. 그는 몇 권의 책은 있다.

3. 전체 부정을 하려면 some을 any로 바꾸는 것처럼 and도 or로 바꿔야 한다.
   - e.g. He doesn't have a son **or** a daughter.

4. 평서문에 쓰인 any는 단수 명사와 사용된다.
   - e.g. **Any** book is good for improving your English skills.

5. 단순히 자신의 확신을 확인하려면 내려가는 억양의 부가의문문을 사용한다.
   - e.g. I'm the lost princess, **aren't** I?

6. 선택을 요하는 의문문에서는 마지막에 내려가는 억양을 사용한다.
   - e.g. A Would you like coffee or tea?   B Coffee, please.

7. 생각을 나타내는 동사가 간접의문문에 사용되었을 때에는 의문사를 문장 앞에 쓴다.
   - e.g. Who do you **think** is going to win?

Grammar Upgrade

다음 광고는 무슨 뜻일까요? 아인슈타인을 그려 놓고 아인슈타인이 아니라고 하니 좀 이상합니다. 여기서의 핵심은 "no"에 있습니다.

아래 예문의 ⓐ는 사실과 맞지 않는 문장입니다. 저는 교수이기 때문이죠. 하지만 (저는 전혀 동의하지 않지만) ⓑ의 진술에 동의하는 사람은 있을 수 있습니다.

ⓐ **Isaiah is <u>not</u> a professor.** Isaiah는 교수가 아냐.

ⓑ **Isaiah is <u>no</u> professor.** Isaiah는 교수도 아냐.

마찬가지로 아인슈타인은 학생이었을 때도 아인슈타인이었기 때문에 위 광고에 ⓒ는 맞지 않는 문장입니다.

ⓒ **As a student, he was <u>not</u> Einstein.**
학생으로서 그는 Einstein이 아니었다.

'아인슈타인도 학생이었을 때는 공부를 잘하지 못했으니 너도 열심히 하면 잘할 수 있다.'라는 메시지를 담으려면 not 대신 no를 사용해야겠죠.

ⓓ **As a student, he was <u>no</u> Einstein.**
학생으로서 그는 Einstein과 같은 천재가 아니었다.

Lesson 14

간접화법과 시간 지시어
Indirect Speech & Time Deixis

> **이런 말, 영어로 할 수 있나요?**
> ⓐ "나는 내일 이 집을 페인트칠 할 거야."라고 그녀는 말했다.
> ⓑ 3주 전에 Matthew는 다음 주에 돌아온다고 했다.
> ⓒ 그는 Claire를 그 전 주에 교회에서 봤다고 나에게 말했다.
> ⓓ 그녀는 2년 후에 그 집을 페인트칠 할 거라고 말했다.
>
> **정답** ⓐ는 A의 ①번, ⓑ는 B의 ①-2번, ⓒ는 ③-1번, ⓓ는 ⑥-2번 문장을 보세요.

A 간접화법

1개의 직접화법 문장이 8개의 간접화법 문장으로 바뀔 수 있다

①과 같은 <u>직접화법을 간접화법으로 전환하면 상황에 따라 8개의 문장이 가능합니다. 동사의 시제 일치 외에 사람, 장소, 시간의 변화를 모두 반영하기</u> 때문이죠.

① She said, "I will paint this house tomorrow." 직접화법
   　　　　　　　사람　　　　　　장소　　　　시간　　+ 동사(will)의 시제 일치
   "나는 내일 이 집을 페인트칠 할 거야."라고 그녀는 말했다.

우선 주어 I가 she로 바뀌고 주절의 동사 said가 과거형이므로 will도 과거형인 would로 바뀌어야 합니다. 그 다음은 장소와 시간의 변화에 따라 달라지죠. 장소와 날짜가 모두 바뀌면 ②-1처럼 되지만 장소는 같고 날짜만 바뀌면 ②-2가 됩니다.

②-1　She said (that) **she would** paint that house the next day.
　　　　　　　　　　　　　　　　　　　　　　　　　다른 장소　　다른 날

②-2　She said (that) **she would** paint this house the next day.
　　　　　　　　　　　　　　　　　　　　　　　　　같은 장소　　다른 날

바로 다음날에 바뀌면 ①을 간접화법으로 바꾸면 ③과 같이 시간은 today가 되겠죠.

③-1　She said (that) **she would** paint that house today.
　　　　　　　　　　　　　　　　　　　　　　　　　다른 장소　　다음날

③-2　She said (that) **she would** paint this house today.
　　　　　　　　　　　　　　　　　　　　　　　　　같은 장소　　다음날

> 방금 들은 것을 바로 전달할 때는 시제를 일치시키지 않는다

같은 날에 들은 말을 얼마 후 전달할 때는 ④와 같이 tomorrow를 바꾸지 않고 동사의 시제만 일치시켜 줍니다.

④-1　She said (that) **she would** paint that house tomorrow.
　　　　　　　　　　　　　　　　　　　　　　　　　다른 장소　　같은 날

④-2　She said (that) **she would** paint this house tomorrow.
　　　　　　　　　　　　　　　　　　　　　　　　　같은 장소　　같은 날

좀 전에 들은 것을 바로 전달할 때는 ⑤에서와 같이 will의 시제를 바꿀 필요도 없습니다.

⑤-1　She said (that) **she** will paint that house tomorrow.
　　　　　　　　　　　　　　　　　　　　　　　　　다른 장소　　같은 날

⑤-2　She said (that) **she** will paint this house tomorrow.
　　　　　　　　　　　　　　　　　　　　　　　　　같은 장소　　같은 날

> 화자, 장소, 시간에 따라 뜻이 바뀌는 단어들을 지시어라고 한다

말하는 사람, 장소, 시간에 따라 뜻이 바뀌는 단어들을 지시어指示語, deictic expressions라고 하고 이런 현상을 지시체계deixis라고 합니다. 가장 대표적인 지시어는 다음과 같습니다.

지시어 대신 직시어(直示語)라고도 하는데 deixis는 '가리키다'라는 그리스 어의 어원을 가진 영단어이므로 '가리키는 단어'라는 뜻의 지시어를 사용하겠습니다.

ⓐ 사람 지시어: I, you
ⓑ 장소 지시어: here (= this house), there (= that house)
ⓒ 시간 지시어: yesterday, today, tomorrow,
　　　　　　　　next week, this month, last year

시간 지시어

시간 지시어는 현재와의 관련 여부에 따라 변한다

간접화법에서 사람과 장소가 바뀌는 것은 눈에 보이는 변화이므로 그다지 어렵지 않습니다. 하지만 시간의 변화는 눈에 보이지 않는 추상적인 변화이기 때문에 상대적으로 어렵죠. now와 ago는 각각 then과 before로 바뀌고 next week은 the next week으로 바뀐다고 무작정 외운 학생은 ①-1은 맞고 ①-2는 틀렸다고 생각할 겁니다.

①-1　Three weeks ago, Matthew said (that) he would come back the next week.
　　　3주 전에 Matthew는 그 다음 주에 돌아온다고 했다. [3주 전의 그 다음 주 = 2주 전]

①-2　Three weeks ago, Matthew said (that) he would come back next week.
　　　3주 전에 Matthew는 다음 주에 돌아온다고 했다. [현재로부터 다음 주]

the next/ previous week은 현재와 다른 시점으로부터 시간을 잰다

①-1에서 next week 앞에 the를 붙이는 이유는 the next week를 현재와 다른 시점에서 이해해야 한다는 것을 알려주기 위해서입니다. 그 다른 시점은 Three weeks ago가 되므로 Matthew는 2주 전에 이미 돌아왔다는 뜻이 됩니다.

반면에 ①-2에서 next week는 지금으로부터 다음 주라는 뜻이므로 Matthew는 아직 돌아오지 않은 것이 됩니다. 그러므로 ①-2는 비문이 아니고 뜻이 다른 문장이 되는 것이지요. 그럼 ②를 간접화법으로 바꾸면 어떻게 될까요?

② He said to me, "I saw Claire at church last week."
  "나는 Claire를 지난주에 교회에서 봤어."라고 그가 나에게 말했다.

간접화법을 사용하는 시점이 ②의 발화 시점과 다른 주일 때는 ③-1과 같이 과거시제는 과거완료로 바꾸고 last week는 the previous week로 바꿉니다.

③-1 He told me (that) he had seen Claire at church the previous week. 그는 Claire를 그 전 주에 교회에서 봤다고 나에게 말했다.
                                                    = 다른 주

하지만 ②의 발화 시점과 같은 주에 간접화법을 사용할 때는 ③-2처럼 시제도 last week도 안 바꿉니다.

③-2 He told me (that) he saw Claire at church last week.
  그는 Claire를 지난주에 교회에서 봤다고 나에게 말했다. = 같은 주

the last week는 the final week와 뜻이 같기 때문에 간접화법에서는 사용하지 않습니다.

역사적 사실은 항상 과거시제, 불변의 진리는 현재시제를 쓴다

역사적 사실은 직접화법이든 간접화법이든 먼 과거를 나타내는 것은 마찬가지이므로 ④-1에서와 같이 항상 과거시제를 사용합니다. ③-2에서 과거완료를 사용하지 않는 것과 같은 이치이죠.

④-1 He said (that) America declared independence in 1776.
              과거   과거
  미국은 1776년에 독립선언을 했다고 그가 말했다.

139

반면 불변의 진리에 대해 서술할 때는 ④-2와 같이 항상 현재시제를 사용합니다.

④-2　He said (that) the South Pole is a lot colder than the
　　　　　　과거　　　　　　　　　　　　　　현재
　　　North Pole. 남극은 북극보다 훨씬 더 춥다고 그가 말했다.

ago, in은 현재시점부터 before, later는 현재와 다른 시점부터 해석된다

한국 사람들이 가장 헷갈리는 것 중 하나는 '~전'과 '~후'를 나타내는 표현들입니다. ⑤, ⑥에서 보듯이 한국어는 '3주 전'과 '2년 후'가 다른 표현으로 바뀌지 않는데 영어는 ago가 before로 바뀌고 in…은 …later로 바뀌기 때문이죠.

⑤-1　He said to me, "I saw Claire at church three weeks ago."
　　　"나는 3주 전에 클레어를 교회에서 봤어."라고 그는 나에게 말했다.

⑤-2　He told me (that) he had seen Claire at church three weeks before.
　　　그는 3주 전에 클레어를 교회에서 봤다고 말했다.　[나에게 말한 시점부터 3주 전]

⑥-1　She said, "I will paint this house in two years."
　　　"나는 2년 후에 이 집을 페인트칠 할 거야"라고 그녀는 말했다.

⑥-2　She said (that) she would paint that house two years later.
　　　그녀는 2년 후에 그 집을 페인트칠 할 거라고 말했다.　[그녀가 말한 시점부터 2년 후]

영어에는 ago, in과 같이 현재시점부터 해석되는 표현도 있고 before, later와 같이 현재와 다른 시점부터 해석되는 표현도 있습니다. 만약 ⑤-2에서 three weeks before 대신 three weeks ago라고 하면 현재부터 3주 전이 되므로 뜻이 완전히 바뀌고 말죠.

 이것만은 확실히!

1. 1개의 직접화법 문장이 사람, 장소, 시간 지시어의 변화와 시제 일치의 여부에 의해 8개의 간접화법 문장으로 바뀔 수 있다.

   e.g. She said, "I will paint this house tomorrow." ← 직접화법
   　　　사람　　　　　　　　장소　　　시간 지시어　+ 동사(will)의 시제 일치

2. the next week, the previous week의 뜻은 각각 현재와 다른 시점으로부터 '그 다음 주', '그 전 주'이다.

   e.g. Three weeks ago, Matthew said he would come back the next week.
   He told me he had seen Claire at church the previous week.

3. ago, in…은 현재시점으로부터 before, …later는 현재와 다른 시점으로부터 해석된다.

   e.g. He told me he had seen Claire at church three weeks before.
   She said she would paint that house two years later.

Grammar Upgrade

다음 두 문장의 차이점은 무엇일까요?

ⓐ I'm not working <u>next week</u>.

ⓑ I'm not working <u>the next week</u>.

많은 문법책들이 week, month, year와 같이 시간을 나타내는 명사는 next, last와 결합할 때 the를 사용할 수 없다고 설명합니다. 하지만 ⓐ, ⓑ 모두 맞는 문장입니다. 뜻이 다를 뿐이죠. ⓐ는 '나는 <u>다음 주</u>에 일을 하지 않는다.'이고 ⓑ는 '나는 <u>다음 7일간</u> 일을 하지 않는다.'입니다. 정관사 the를 사용했을 때와 사용하지 않았을 때의 의미 차이를 정리하면 다음과 같습니다.

next week	다음 주	the next week	다음 7일간
next month	다음 달	the next month	다음 30일간
next year	내년	the next year	다음 12개월간
last week	지난주	the last week	지난 7일간
last month	지난달	the last month	지난 30일간
last year	작년	the last year	지난 12개월간

따라서 the next week는 상황에 따라 두 가지의 뜻을 갖게 됩니다. ⟨B. 시간 지시어⟩의 ①-1에서처럼 '그 다음 주'라는 뜻으로 사용될 수도 있기 때문이죠. 물론 the next month와 the next year도 각각 '그 다음 달', '그 다음 해'라는 뜻으로 사용될 수 있습니다. 하지만 the last week/month/year는 '그 전 주/달/해'의 뜻으로 사용되

지 않습니다. ③-1에서처럼 the previous week/month/week로 바뀌기 때문이죠.

2003년 가을학기부터 MIT에서 교편을 잡았던 저는 수업 준비를 위해 8월 22일 금요일에 첫 출근을 하였습니다. 그리고 처음 본 The Tech라는 MIT 학보에서 다음 문장을 발견하였습니다.

ⓒ The next week will be fun. 다음 7일간은 재밌을 것이다.

ⓒ는 금요일에 발행된 신문에 사용된 문장이기 때문에 the next week(다음 7일간)은 주말을 포함합니다. 주말엔 파티가 많기 때문에 다음 7일간은 재밌을 것이라고 한 건데, '다음 주'로 잘못 이해한 학생들은 쓸쓸한 주말을 보냈겠죠.

수동태와 중간태
Passive Voice & Middle Voice

> **이런 말, 영어로 할 수 있나요?**
> ⓐ 그는 코치에 의해 소리 지름을 당했다
> ⓑ 네 성적을 계산하는 데 실수가 범해졌다.
> ⓒ 내 영어가 향상되었다.
> ⓓ 이 펜은 잘 써진다.
>
> **정답** ⓐ는 A의 ③-2번, ⓑ는 ⑥-3번, ⓒ는 B의 ④-1번, ⓓ는 ⑥-2번 문장을 보세요.

수동태

영어에는 능동태, 수동태, 중간태가 있다

영어에는 세 가지 태가 있습니다. ①-1과 같이 주어가 동작을 행하는 문장을 능동태, ①-2와 같이 주어가 동작을 받는 문장을 수동태, 그리고 ①-3과 같이 주어가 동작을 받는데 동사는 능동태로 사용된 문장을 중간태라고 합니다.

①-1 A golf ball broke the window. [능동태]
　　　　ⓐ　　　　　　　　ⓑ
　　골프공 하나가 그 유리창을 깼다.

①-2 The window was broken by a golf ball. [수동태]
　　　　ⓑ　　　　　　　　　　　　　ⓐ
　　그 유리창은 골프공 하나에 의해 깨졌다.

①-3 The window broke. [중간태]
　　　　ⓑ
　　그 유리창이 깨졌다.

타동사의 목적어를 주어로 하여 수동태를 만든다

①-1에서 유리창을 깨는 동작을 행하는 것은 ⒶA golf ball이고 동작을 받는 것은 Ⓑthe window입니다. 각각 원래 위치인 주어와 목적어 자리에 사용되었죠. 그런데 ①-2에서는 동작을 받는 ⒷThe window가 주어 자리에 쓰였고 Ⓐa golf ball은 전치사 by의 목적어로 사용되었습니다. 그리고 타동사 break의 과거형인 broke는 be+p.p.(과거분사) 형태인 was broken으로 바뀌었죠. 능동태를 수동태로 바꾸는 법을 표로 정리하면 다음과 같습니다.

능동태	수동태
Ⓐ + 타동사 + Ⓑ 주어　　　　　목적어	Ⓑ + be+p.p. + by Ⓐ 주어　　　　　　　by의 목적어
A golf ball broke the window. 　　Ⓐ　　　타동사　　Ⓑ	The window was broken by a golf ball. 　　Ⓑ　　　be+p.p.　　by Ⓐ

전치사의 목적어를 주어로 하여 수동태를 만들 수 있다

수동태에서는 목적어가 주어가 되므로 ②에서와 같이 자동사는 수동태로 사용되지 못합니다.

②-1　He screamed. 그는 소리를 질렀다.
　　　　　자동사

②-2　*He was screamed.

하지만 ③과 같이 자동사 뒤에 전치사를 사용하여 목적어를 취한 경우에는 전치사의 목적어를 주어로 하여 수동태를 만들 수 있습니다. 이럴 때 전치사는 동사 뒤에 남아 있어야 합니다.

③-1　The coach screamed at him.
　　　　　　　　자동사+전치사
　　　코치는 그에게 소리를 질렀다.

③-2　He was screamed at by the coach.
　　　　be+p.p.+전치사
　　　그는 코치에 의해 소리 지름을 당했다.

능동태를 수동태로 바꿨을 때 뜻이 바뀔 수도 있다

능동태를 수동태로 바꿨을 때 뜻이 바뀌는 경우도 있습니다. 첫 번째는 ④처럼 숫자나 수량사가 사용되었을 경우입니다.

④-1 Everyone in this room speaks two languages.
이 방에 있는 모든 사람들은 두 개의 언어를 구사한다.

④-2 Two languages are spoken by everyone in this room.[42]
(같은) 두 개의 언어가 이 방에 있는 모든 사람들에 의해 구사된다.

두 번째는 ⑤처럼 일반적인 사실을 진술하는 능동태를 수동태로 바꾼 경우입니다.

⑤-1 Moles dig tunnels. [사실과 맞는 진술]
두더지들은 굴을 판다.

⑤-2 Tunnels are dug by moles.[43] [사실과 맞지 않는 진술]
터널은 두더지들에 의해 파진다.

수동태에서 80% 이상은 'by Ⓐ'를 동반하지 않는다

그러면 수동태는 왜 사용할까요? 능동태보다 길고 문장구조도 복잡하고 뜻이 변하기도 하고 한국어로 해석도 깔끔하게 되지도 않습니다. 하지만 수동태의 장점은 능동태의 주어인 'by Ⓐ'를 생략할 수 있다는 것입니다. 사실 'by Ⓐ'가 사용되는 경우는 15-20%밖에 되지 않죠.[44]

'by Ⓐ'를 사용하지 않는 이유는 여러 가지가 있습니다. ⑥-1처럼 너무 당연해서 말할 필요가 없거나, ⑥-2와 같이 누가 했는지 몰라서 언급이 어렵거나, ⑥-3과 같이 누가 했는지 알면서도 일부러 숨기는 경우도 있습니다.

⑥-1 Chinese is spoken in China and Taiwan.
중국어는 중국과 대만에서 사용된다.

⑥-2 He was murdered last night.
그는 어젯밤에 살인을 당했다.

⑥-3 A mistake was made in calculating your grade.
  네 성적을 계산하는 데 실수가 범해졌다.

반면에 'by Ⓐ'가 생략되지 않는 경우는 문맥의 흐름상 능동태의 주어가 문미에 와야 적절할 때입니다. 기본적으로 모든 절과 문장은 ⑦처럼 새로운 정보가 뒤에 나오도록 구성되는 것이 좋습니다.

⑦ I literally kicked my son out of the car onto the field, where he was screamed at by the coach for being late.
  = my son
  나는 말 그대로 내 아들을 발로 차서 자동차에서 운동장으로 내보냈고 그는 코치에 의해 늦었다고 소리 지름을 당했다.

where 이하의 절에서 he는 주절의 my son을 받는 대명사이므로 새로운 정보가 아닙니다. 하지만 the coach는 처음 나오는 단어이므로 새로운 정보가 되는 것이죠.

B 중간태

타동사의 목적어가 자동사의 주어로 사용된 것을 중간태라고 한다

동사에는 discuss와 같이 타동사로만 사용되는 동사도 있고 interfere와 같이 자동사로만 사용되는 동사도 있습니다. 반면에 eat, talk, sleep, sing과 같이 일상 대화에 자주 사용되는 동사는 자동사와 타동사로 모두 사용되는 경우가 많습니다. 〈Lesson 5: 동사의 종류〉 참고)

단순 자·타동사

①-1 I ate dinner already. 나는 벌써 저녁을 먹었다. 타동사
      Ⓐ   Ⓑ

①-2 I ate already. 나는 벌써 먹었다. 자동사
      Ⓐ

①-3 *Dinner ate already. 자동사
       Ⓑ

break, cook, move, run과 같이 중간태로 사용될 수 있는 동사도 자동사와 타동사로 모두 사용될 수 있습니다. 하지만 단순 자·타동사와 다른 점은 ②-3처럼 타동사로 사용되었을 때의 목적어가 자동사의 주어로 사용될 수 있다는 것이죠.

중간태 동사

②-1 A golf ball broke the window. 골프공 하나가 그 유리창을 깼다.
       Ⓐ   Ⓑ

②-2 A golf ball broke. 골프공 하나가 깨졌다.
       Ⓐ

②-3 The window broke. 그 유리창이 깨졌다.
       Ⓑ

중간태가 가능한 문장을 수동태로 만들면 어색해진다

중간태에 관한 가장 빈번한 오류는 자연스러운 ②-3 대신 ②-4와 같은 어색한 수동태를 사용하는 것입니다. 수동태가 왜 어색한지는 eat를 수동태로 사용한 ①-4를 보면 잘 나타나죠.

①-4 ?Dinner was eaten. 저녁이 먹임을 당했다.

②-4 ?The window was broken. 그 유리창이 깨짐을 당했다.

꼭 수동태를 사용해야 하는 이유가 아니라면 중간태를 사용하는 것이 훨씬 자연스럽습니다. 중간태 동사는 다음 네 가지로 나뉠 수 있습니다.

움직임 관련	상태 변화 관련	요리 관련	그 외
move	break	cook	read
rock	change	bake	write
turn	improve	boil	sell
spin	develop	fry	peel
shake	open/close	roast	drive
swing 등	increase/decrease 등	freeze/burn 등	fly 등

이 네 가지 중 중간태로 사용되었을 때 가장 자연스럽게 느껴지는 동사는 '움직임 관련' 동사입니다.

③-1 I moved the chair. 내가 의자를 움직였다.
     Ⓐ   Ⓑ

     The chair moved. 의자가 움직였다.
     Ⓑ

③-2 I shook the tree branches. 내가 나뭇가지를 흔들었다.
     Ⓐ   Ⓑ

     The tree branches shook. 나뭇가지가 흔들렸다.
     Ⓑ

> '상태 변화 관련' 동사는 수동태로 사용하지 않도록 특히 주의한다

중간태 대신 수동태를 사용하는 오류를 가장 많이 범하는 동사는 improve, increase, decrease 같은 '상태 변화 관련' 동사입니다.

④-1 I have improved my English. 나는 내 영어를 향상시켰다.
     Ⓐ   Ⓑ

     My English has improved. 내 영어가 향상되었다.
     Ⓑ

     ?My English has been improved.

④-2　I increased the value of my car.　나는 내 차의 가치를 높였다.
　　　Ⓐ　　　　　　Ⓑ

　　　The value of my car increased.　내 차의 가치가 높아졌다.
　　　　　　Ⓑ

　　　⁊The value of my car was increased.

요리에 관련된 거의 모든 동사는 중간태로 사용될 수 있습니다. 어떤 사람의 동작으로 인해서 요리가 될 때도 있지만 열에 의해서 저절로 요리가 되는 경우도 많기 때문이죠.

⑤-1　I'll cook the beef.　내가 쇠고기를 익힐게.
　　　Ⓐ　　　Ⓑ

　　　The beef will cook.　그 쇠고기는 익을 거야.
　　　　　Ⓑ

⑤-2　I'll roast the chicken.　내가 닭고기를 구울게.
　　　Ⓐ　　　　Ⓑ

　　　The chicken will roast.　그 닭은 구워질 거야.
　　　　　Ⓑ

부사와 함께 쓰여야 하는 중간태 동사도 있다

마지막 '그 외'의 동사들 중에는 read처럼 중간태에서는 부사와 함께 쓰여야 하는 동사도 있고 write처럼 전치사의 목적어가 중간태 주어로 사용되는 경우도 있습니다.

⑥-1　I read this book every day.　나는 이 책을 매일 읽는다.
　　　Ⓐ　　Ⓑ

　　　This book reads fast.　이 책은 빨리 읽힌다.
　　　　Ⓑ

⑥-2　I write with this pen.　나는 이 펜으로 쓴다.
　　　Ⓐ　　　　Ⓑ

　　　This pen writes well.　이 펜은 잘 써진다.
　　　　Ⓑ

이것만은 확실히!

1. 타동사의 목적어를 주어로 사용하여 능동태를 수동태로 바꾼다.
   - e.g. A golf ball broke the window. [능동태]
     - Ⓐ 타동사 Ⓑ
   - → The window was broken by a golf ball. [수동태]
     - Ⓑ be+p.p. by Ⓐ

2. 전치사의 목적어를 주어로 하여 수동태를 만들 수도 있다.
   - e.g. The coach screamed at him. [능동태]
     - 자동사+전치사
   - → He was screamed at by the coach. [수동태]

3. 수동태에서 80%이상은 'by Ⓐ'를 동반하지 않는다.
   - e.g. A mistake was made in calculating your grade.

4. 타동사의 목적어가 자동사의 주어로 사용되는 것을 중간태라고 한다.
   - e.g. A golf ball broke the window. → The window broke. [중간태]
     - Ⓐ 타동사 Ⓑ   Ⓑ

5. 중간태가 가능한 문장을 수동태로 만들면 어색한 문장이 된다.
   - e.g. My English has improved.   ?My English has been improved.
     - [중간태]   [수동태]

6. 부사와 함께 쓰여야 하는 중간태 동사도 있다.
   - e.g. This book reads fast.

Grammar Upgrade

ⓐ와 ⓑ는 모두 수동태로 된 문장입니다. 그런데 왜 ⓐ와 달리 ⓑ는 어색한 문장일까요?

ⓐ I was given a tie (by Athena).

ⓑ ?I was bought a tie (by Jaden).

ⓐ와 ⓑ는 목적어를 두 개 취한 수여동사의 수동태입니다. ⓐ와 ⓑ를 각각 능동태로 바꾸면 다음과 같죠.

①-1 Athena gave me a tie. Athena는 나에게 넥타이를 주었다.
　　　　　　　간·목 직·목

②-1 Jaden bought me a tie. Jaden은 나에게 넥타이를 사 주었다.
　　　　　　　 간·목 직·목

①-1을 수동태로 바꿀 때에는 간접목적어와 직접목적어를 모두 주어로 사용할 수 있습니다. ①-3과 같이 직접목적어를 주어로 사용하였을 때는 보통 간접목적어 앞에 to를 사용하죠.

①-2 I was given a tie (by Athena).
　　　①-1의 간·목

①-3 A tie was given **to** me (by Athena).
　　　①-1의 직·목

반면에 ②-1의 간접목적어를 주어로 사용하는 것은 영국 영어에서는 가능해도 미국 영어에서는 불가능합니다.

②-2 ?I was bought a tie (by Jaden).
　　　②-1의 간·목

②-3 A tie was bought **for** me (by Jaden).
　　　②-1의 직·목

give와는 달리 buy의 간접목적어를 수동태의 주어로 사용하지 않는 이유는 give는 간접목적어가 꼭 필요하지만 buy는 그렇지 않기 때문이죠.[45]

①-4　*Athena gave <u>a tie</u>.
　　　　　　　　　직·목

②-4　Jaden bought <u>a tie</u>.
　　　　　　　　　직·목

다시 말해, 문법적으로 불필요한 간접목적어는 미국 영어에서 수동태의 주어가 될 수 없다는 뜻입니다.

PART 3
명사와 관련된 모든 것
Noun-related Stuff

Lesson 16	명사의 종류	Noun Types
Lesson 17	대명사	Pronouns
Lesson 18	한정사와 수량사	Determiners & Quantifiers 고급
Lesson 19	관사 I	Articles I
Lesson 20	관사 II	Articles II 고급
Lesson 21	관계대명사와 형용사절	Relative Pronouns & Adjective Clauses
Lesson 22	명사절과 부사절	Noun & Adverb Clauses 고급
Lesson 23	전치사	Prepositions
Lesson 24	형용사와 부사	Adjectives & Adverbs
Lesson 25	무거운 명사 이동, 도치, 강조	Heavy NP Shift, Inversion, & Emphasis 고급

명사의 종류
Noun Types

이런 말, 영어로 할 수 있나요?

ⓐ 나는 돈이 많아.
ⓑ 나 물 한 모금 마시고 올게.
ⓒ 매주 다양한 숙제가 있을 것이다.
ⓓ 우리 교회에는 열 명의 John이 있다.
ⓔ 나는 20명의 스태프가 있다.

정답 ⓐ는 A의 ②-2번, ⓑ는 B의 ②-1번, ⓒ는 ⑤-1번,
ⓓ는 C의 ③-1번, ⓔ는 D의 ②-2번 문장을 보세요.

 셀 수 있는 명사

'셀 수 있다'라는 말은 '복수형으로 바꿀 수 있다'라는 뜻이다

영어의 명사는 셀 수 있는(가산) 명사와 셀 수 없는(불가산) 명사로 나뉩니다. 한국어처럼 모든 명사를 불가산명사 취급하면 '나는 자동차가 있다.'를 ①-1이라고 표현하면 되는데, car는 가산명사이므로 ①-2 또는 ①-3이라고 말해야 합니다.

①-1   *I have car.   나는 자동차가 있다.

①-2   I have a car.
　　　　　　 <u>단수</u>

①-3   I have cars.
　　　　　　<u>복수</u>

명사를 셀 수 있다는 의미는 명사의 끝에 -s 또는 -es를 붙여 **복수형**으로 바꿀 수 있다는 뜻입니다. 물론 man-men, child-children과 같이 불규칙적인 복수형도 있습니다.

〈명사의 복수형〉

	규칙 변화			
ⓐ	book-books lake-lakes	pin-pins phone-phones	house-houses prize-prizes	대다수의 명사 +-s
ⓑ	bus-buses class-classes quiz-quizzes	dish-dishes brush-brushes peach-peaches watch-watches	box-boxes fox-foxes stomach-stomachs	(-s, -z, -sh, -ch, -x)+-es -ch가 /k/로 발음되면+-s
ⓒ	baby-babies day-days	lady-ladies key-keys	city-cities toy-toys	자음+y = y를 i로+-es (모음+y)+-s
ⓓ	potato-potatoes tomato-tomatoes	hero-heroes echo-echoes		-o로 끝나는 몇 개의 단어+-es
ⓔ	half-halves leaf-leaves	life-lives (예외) knife-knives	roofs, reefs, cliffs chiefs, beliefs, safes	-f, -fe를 -v로+-es
	불규칙 변화			
ⓕ	deer, sheep swine, bison	fish, salmon shrimp, cod	series, means species, Japanese	단수형 = 복수형
ⓖ	man-men woman-women	foot-feet tooth-teeth goose-geese	mouse-mice louse-lice	모음 변화
ⓗ	ox-oxen	child-children	brother-brethren	+-en

⟨라틴 어와 그리스 어 복수형[46]⟩

라틴 어

① alumnus - alumni ② alumna - alumnae ③ appendix - appendices
   cactus - cacti   formula - formulae   vortex - vortices
④ corpus - corpora   ⑤ medium - media   curriculum - curricula
   genus - genera   bacterium - bacteria   millennium - millennia

그리스 어

① crisis - crises   analysis - analyses   parenthesis - parentheses
   thesis - theses   diagnosis - diagnoses
② schema - schemata ③ criterion - criteria
   stigma - stigmata   phenomenon - phenomena

실체가 있는 것은 가산명사, 추상적 개념을 나타내는 것은 불가산명사

dollar와 money는 모두 돈에 관련된 단어인데, dollar는 ②-1처럼 복수형 표현이 가능한 가산명사이고 money는 불가산명사입니다. (money의 복수형 moneys 또는 monies는 법에 관련된 문장에서 가끔 사용되기도 합니다.)

②-1　I only have 20 dollars. 나는 20불밖에 없어.

②-2　I have a lot of money. 나는 돈이 많아.

money가 불가산명사로 취급되는 이유는 '돈'이라는 추상적인 개념을 나타내는 단어이기 때문입니다. 반면에 실체가 있는 bill(지폐), coin(동전)은 모두 가산명사입니다.

③-1　I need three bills. 난 지폐 3장이 필요해.

③-2　I need three coins. 난 동전 3개가 필요해.

③-3　*I need three moneys. 난 돈 3개가 필요해.

B 셀 수 없는 명사

불가산명사인 추상·물질명사를 셀 때는 부분사를 쓴다

money(돈), happiness(행복), advice(충고), information(정보)과 같은 추상명사 외에 실체는 있지만 일정한 형태가 없는 water(물), sugar(설탕), bread(빵), gold(금)와 같은 물질명사도 불가산명사로 취급됩니다. 추상·물질명사를 셀 때는 복수형을 사용할 수 없으므로 a piece of와 같은 부분사partitive를 사용해야 합니다.

①-1 I'll give you a piece of advice. 내가 충고 한 마디 해줄게.
　　　　　　　　부분사 + 추상명사

①-2 I found a ray of hope. 나는 한 가닥의 희망을 찾았다.
　　　　　부분사 + 추상명사

②-1 Let me go get a drink of water. 나 물 한 모금 마시고 올게.
　　　　　　　　부분사 + 물질명사

②-2 I need a handful of sugar. 난 한 줌의 설탕이 필요해.
　　　　　부분사 + 물질명사

'전체를 지칭하는 추상명사'와 비슷한 뜻을 가진 가산명사를 구분한다

한국어의 명사도 모두 불가산명사입니다. 영어의 추상·물질명사처럼 '차 한 대', '빵 세 쪽' 등으로 세야 하기 때문이죠. 영어의 불가산명사 중 한국인이 가장 어려워하는 것은 money와 같이 비슷한 물건으로 이뤄진 '전체를 지칭하는 추상명사'입니다.

이유는 가산성을 고려하지 않은 채 뜻만 외우기 때문입니다. 예를 들면 불가산 명사인 jewelry는 '보석류'의 전체를 지칭하고 가산명사인 jewel은 각각의 '보석'을 뜻하는데, 그냥 둘 다 '보석'을 뜻하는 단어라고 외우듯이 말이죠.

전체를 지칭하는 추상명사 (불가산명사)	비슷한 뜻을 가진 가산명사
money	coins, bills
mail	letters
clothing	clothes
jewelry	jewels
furniture	chairs, desks, tables
baggage, luggage	bags, suitcases
postage	stamps
scenery	scenes
machinery	machines
equipment	tools, devices
software	programs
hardware	computers, keyboards, monitors
surgery	operations
homework	assignments
research	studies
vocabulary, slang, jargon	words, terms
stuff	things
junk, trash, garbage	unwanted things
rubble, debris	ruins, remains

a piece of...의 piece는 일반적인 수량의 단위 '개'를 뜻한다

'전체를 지칭하는 추상명사'도 ③-1과 같이 부분사를 써서 세어야 하는데, two pieces of baggage는 너무 길어서 대화에서는 잘 쓰지 않습니다. 주로 ③-2처럼 two bags라고 하죠.

③-1 A How many pieces of baggage do you have?
수하물이 몇 개 있으신가요?
B I have two pieces of baggage.
두 개의 수하물이 있습니다.

③-2 A How many bags do you have?
B I have two bags.

여기서 어려운 것은 piece의 쓰임입니다. piece는 '조각'이라는 뜻인데, 조각이 아닌 것을 셀 때도 a piece of를 사용하죠. 그래서 미국 사람들은 ④와 같은 농담을 합니다.

④ A Would you like a piece of toast? 토스트 한 조각 드실래요?
B No, I'd like a whole one. 아뇨, 온전한 거 먹을래요.

따라서 a piece of의 piece는 '조각'이 아니고 일반적인 수량의 단위 '개'라고 생각해야 합니다. baggage, furniture, equipment를 셀 때도, advice, information, evidence를 셀 때도 a piece of를 사용하죠.

'전체를 지칭하는 추상명사'는 복수형이 허용되지 않는다

가끔 ⑤처럼 동의어를 반복해서 쓰는 알쏭달쏭한 문장도 있습니다.

⑤-1 You'll have various homework assignments every week.
매주 다양한 숙제가 있을 것이다.

⑤-2 There have been no research studies on this topic.
이 주제에 관한 연구는 없었다.

⑤-3 These are the new vocabulary words for today.
오늘 배울 새로운 단어들입니다.

복수형이 가능하면 간단하게 homeworks, researches, vocabularies 라고 할 수 있을 텐데 이런 복수형은 허용되지 않으므로 homework assignments, research studies, vocabulary words라고 하는 것입니다. 그런데 개 중 ⑥처럼 가끔 복수로 사용되는 것들도 있습니다.

⑥ Newton was not very interested in communicating the results of his researches to the outside world.[47]
뉴턴은 그의 연구 결과를 바깥세상으로 전달하는 것에 별로 관심이 없었다.

언어는 계속 변하기 때문에 '전체를 지칭하는 추상명사' 모두가 복수로 사용되는 날이 올 수도 있겠지만 아직까지는 대다수가 거의 항상 불가산명사로 사용되고 있죠.

일반적인 추상·물질명사는 가산명사로도 쓸 수 있다

'전체를 지칭하는 추상명사'가 아닌 다른 추상명사들은 ⑦과 같이 복수형도 가능하고 부정관사와도 함께 쓰일 수 있습니다. 이럴 때는 'an instance(예) of 추상명사'로 해석되죠.

⑦-1 I will always remember your many kindnesses to me.
제게 베푸신 많은 친절을 항상 기억하겠습니다.

⑦-2 I don't want to be an overnight success.
난 하루아침에 성공한 사람이 되고 싶지 않아.

물질명사도 ⑧처럼 가산명사로 자주 사용됩니다. 이럴 때는 물질명사를 'a unit(개) of 물질명사' 또는 'a kind(종류) of 물질명사'로 이해하면 되죠.

⑧-1 We'll have two coffees. 커피 두 잔 주세요.
= two cups of coffee

⑧-2 I had five different wines last night.
= five kinds of wine
난 어젯밤에 다섯 종류의 포도주를 마셨어.

가산명사가 불가산명사로 쓰일 수도 있다

비록 흔하지는 않지만 ⑨와 같이 가산명사가 불가산명사로 쓰이는 경우도 있습니다.

⑨-1 This will be too much computer for you.
이건 너에게 적합하지 않은(너무 많은 기능을 가진) 컴퓨터가 될 거야.

⑨-2 How much house can I afford?
얼마만큼의(얼마나 비싼, 얼마나 큰) 집을 살 수 있을까요?

C 고유명사와 보통명사

명사는 고유·보통 명사로 나뉘고 보통명사는 가산·불가산명사로 나뉨

많은 문법책들이 보통명사는 가산명사의 한 종류, 그리고 고유명사는 불가산명사의 한 종류로 구분을 하는데, 사실 이런 분류는 잘못된 것입니다. 아래 표에서와 같이 불가산명사인 추상명사와 물질명사도 보통명사에 포함되기 때문이죠.

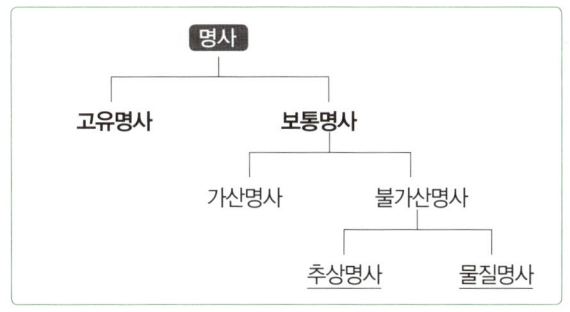

보통명사와 달리 고유명사는 항상 대문자로 시작한다

고유명사는 '사람 또는 사물의 고유한 이름'을 나타내는 명사입니다. 보통명사와 구분하는 이유는 ①과 같이 고유명사는 항상 대문자로 시작하기 때문이죠. 따라서 고유명사와 보통명사는 가산명사, 불가

산명사보다 상위의 기본적인 분류입니다.[48]

① My name is Isaiah, and I'm a professor.
　　　　　　　고유명사　　　　　　　　보통명사

제 이름은 Isaiah이고 저는 교수입니다.

많은 문법책들이 고유명사를 불가산명사로 취급하는 이유는 단수일 때 추상명사, 물질명사처럼 관사 없이 쓰기 때문입니다.

②-1 That's love.　　　　　②-2 That's gold.
　　　　　추상명사　　　　　　　　　　　　물질명사

②-3 That's Harvard University.
　　　　　　　　　고유명사

추상·물질명사와 달리 고유명사는 부분사 없이 복수로 쓰인다

추상·물질명사를 셀 때는 기본적으로 a piece of와 같은 부분사를 써야 하지만, 고유명사를 셀 때는 부분사를 쓰지 않습니다. ③-1처럼 숫자를 사용해 셀 수도 있고 The Simpsons처럼 가족 전체를 나타낼 때는 the와 함께 복수형을 사용하기도 하죠.

③-1 There are 10 Johns at my church.
　　　우리 교회에는 열 명의 John이 있다.

③-2 We went camping with the Smiths last weekend.
　　　지난 주말에 우리는 Smith 씨네 가족과 캠핑을 갔다.

이렇듯 고유명사는 추상·물질명사와는 완전 다른 성질을 가지고 있기 때문에 언어학자들은 고유명사 앞에 쓰인 무관사와 추상·물질명사 앞에 쓰인 무관사도 구분합니다. (〈Lesson 20: 관사 II〉의 'Grammar Upgrade' 참고)

D 집합명사

미국 영어에서 집합명사는 주로 단수로 취급한다

family(가족), staff(전체 직원), audience(청중), committee(위원회), faculty(교수단)과 같이 <mark>여러 개체가 모여 이뤄진 집합체를 나타내는 명사</mark>를 집합명사라고 하죠. 많은 문법책들이 집합명사는 의미에 따라 ①-1과 같이 단수 취급도 받고 ①-2와 같이 복수 취급도 받는다고 설명을 합니다.

① -1 **The committee is having a meeting.** 위원회가 회의를 하고 있다.
  → 위원회가 전체적으로 회의를 하고 있으므로 단수 취급

① -2 **The committee are having dinner.** 위원들은 저녁 식사 중이다.
  → 위원회 집합체가 아닌 위원 개개인들이 식사를 하므로 복수 취급

하지만 ①-2는 주로 영국 영어에서 사용됩니다. 미국 영어에서는 '위원들'을 뜻할 때 보통 ①-3과 같이 members를 넣습니다.

① -3 **The committee members are having dinner.** [미국 영어]
  위원들은 저녁 식사 중이다.

집합명사의 복수형은 집합체의 복수를 뜻한다

집합명사는 staffs, committees, audiences와 같은 복수형이 가능하기 때문에 가산명사로 분류됩니다. 하지만 이 <mark>복수형들은 집합체의 복수를 뜻할 뿐, 구성원의 복수를 뜻하지는 않습니다.</mark> 예를 들어, "나는 20명의 스태프가 있다."라는 표현을 할 때 ②-1과 같이 쓰면 안 된다는 것이죠.

② -1 **I have 20 staffs.** 나는 20개의 다른 스태프진이 있다.

20 staffs는 '20명의 스태프'가 아니라 '20개의 다른 스태프진'이라는 뜻입니다. "나는 20명의 스태프가 있다."라고 쓰려면 ②-2 또는 ②-3이라고 해야 합니다. (그리고 staff를 복수 취급할 수 있으므로 20 staff도 가능합니다.)

②-2 I have <u>a staff of</u> 20. 나는 20명의 스태프가 있다.

②-3 I have 20 <u>staff members</u>. (= I have 20 <u>staff</u>.)

집합명사는 가산명사의 한 종류이므로 가산명사를 굳이 분류하자면 집합명사와 비집합가산명사로 나눌 수 있습니다. car(차), shoe(신발), book(책), bag(가방) 등이 비집합가산명사에 속하죠.

이것만은 확실히!

1. 셀 수 있다는 뜻은 복수형으로 바꿀 수 있다는 뜻이다.
   - e.g. I only have 20 <u>dollars</u>.　　*I have a lot of <u>moneys</u>.

2. 돈의 단위인 dollars와 실체가 있는 bills, coins는 가산명사이지만 추상적인 개념을 나타내는 money는 불가산 명사이다.
   - e.g. I need three dollars/bills/coins/*moneys.

3. 불가산명사인 추상·물질명사를 세려면 부분사를 사용해야 한다.
   - e.g. I'll give you <u>a piece of information</u>.　　I need <u>a handful of sugar</u>.
   　　　　　부분사 + 추상명사　　　　　　　　　부분사 + 물질명사

4. 일반적인 추상·물질명사는 가산명사로 사용될 수도 있다.
   - e.g. I don't want to be <u>an overnight success</u>.
   　　　We'll have <u>two coffees</u>.

5. 고유명사는 항상 대문자로 시작하고 부분사 없이 복수로 사용된다.
   - e.g. There are 10 <u>Johns</u> at my church.

6. 집합명사의 복수형은 집합체의 복수를 뜻한다.
   - e.g. I have 20 <u>staffs</u>. 나는 20개의 다른 스태프진이 있다.
   　　　I have 20 <u>staff members</u>. 나는 20명의 스태프가 있다.

Grammar Upgrade

"이 자료는 12개의 다른 도시에서 수집된 것이다."라는 말을 영어로 맞게 옮긴 문장은 무엇일까요?

ⓐ This data was collected from 12 different cities.
ⓑ These data were collected from 12 different cities.

data(자료, 정보, 데이터)는 라틴 어에서 온 datum의 복수형이므로 원래는 ⓑ가 문법적으로 맞는 문장이 됩니다. media가 medium의 복수형인 것과 마찬가지죠. 하지만 요즘은 ⓐ가 더 자주 사용됩니다. 자료를 하나만 모으는 일은 없다 보니 datum은 사용되지 않고 data가 information처럼 추상명사로 사용되는 것이죠.

그러면 왜 album(앨범), museum(박물관), stadium(경기장), aquarium(수족관) 같은 단어의 복수형은 각각 alba, musea, stadia, aquaria라고 하지 않을까요? -um이 복수에서 -a가 되는 단어는 거의 모두 학술적 용어들입니다. 그래서 album, museum, stadium, aquarium처럼 일상생활에 쓰이는 단어의 복수형에는 그냥 -s를 사용하죠.

Lesson 17

대명사
Pronouns

이런 말, 영어로 할 수 있나요?

ⓐ 정말 멍청하긴!
ⓑ 나는 내 생일 때 뭔가 특별한 것을 원한다.
ⓒ 정말 귀여운 강아지네요! 수컷인가요, 암컷인가요?
ⓓ 나 자신은 결코 그걸 해 본 적이 없어.

정답 ⓐ는 A의 ③-2번, ⓑ는 ⑦-2번, ⓒ는 B의 ②-2번, ⓓ는 ④-2번 문장을 보세요.

대명사의 종류

대명사는 관사가 필요 없고 복수형도 없다

대명사는 명사를 대신하는 단어지만 문법적으로는 보통명사와 완전히 반대되는 성질을 가지고 있습니다. **보통명사와는 달리 관사가 필요하지 않고 복수형으로 쓰이지도 않죠.**

①-1　I have it.　　　*I have car.

①-2　*I have an it.　　I have a car.

①-3　*I have its.　　　I have cars.

대명사는 크게 다섯 가지 종류로 나뉠 수 있습니다. 그중 가장 중요한 것은 ⓐ인칭대명사와 ⓑ관계대명사입니다. (관계대명사의 자세한 설명은 〈Lesson 21: 관계대명사와 형용사절〉 참고) 반면에 ⓒ의문대명사, ⓓ지시대명사, ⓔ부정대명사는 대명사로는 별로 중요하지 않습니다.

중요한 대명사		
ⓐ	인칭personal대명사	I/me/mine/myself, we, you, he, she, it, they 등
ⓑ	관계relative대명사	who/whom/whose, which, what, that
별로 중요하지 않은 대명사		
ⓒ	의문interrogative대명사	who/whom/whose, which, what
ⓓ	지시demonstrative대명사	this/these, that/these
ⓔ	부정indefinite대명사	수량사(few, much, some, all, enough 등) +nobody, anyone, something, everything 등

What 감탄문 =
What+a(n)+형
+명+(주+동)

의문대명사와 의문부사(where, when, why, how)를 구분하는 것은 의미가 없습니다. 의문문을 배울 때 모든 의문사를 함께 배우는 것이 좋죠. 의문대명사 what과 의문부사 how는 감탄문을 만들 때에도 사용됩니다. What 감탄문은 ②-1처럼 'What+a(n)+형용사+명사+주어+동사' 어순을 따르지만 ②-2와 같이 형용사, 주어, 동사는 자주 생략되기도 합니다.

②-1 What a great car wash it is! 이건 정말 훌륭한 세차군!
         형용사   명사   주 동

②-2 What a car wash! 훌륭한 세차군!
              명사

②-3, ②-4처럼 What 뒤에 복수명사나 불가산명사가 오면 a(n)은 필요가 없죠.

②-3 What pretty flowers! 정말 예쁜 꽃들이네!
              복수명사

②-4 What nonsense! 웬 뚱딴지같은 소리야!
           불가산명사

How 감탄문 = How+형(또는 부)+(주+동)	How 감탄문은 ③-1처럼 'How + 형용사(또는 부사) + 주어 + 동사'의 어순을 따르는데, ③-2와 같이 주어, 동사는 자주 생략됩니다.

③-1　How stupid I am! 난 정말 멍청해!
　　　　형용사　주　동

③-2　How stupid! 정말 멍청하긴!
　　　　형용사

③-3처럼 I am 대신 of me를 사용할 수도 있고, 멍청한 '남자'라는 것을 명시하려면 ③-4 같이 형용사 stupid 다음에 a man을 추가합니다.

③-3　How stupid of me! 난 정말 멍청해!

③-4　How stupid a man I am! 난 정말 멍청한 남자군!

지시대명사 = this/that & these/those	지시대명사는 this, that과 복수형 these, those뿐이므로 아주 간단합니다. 주의할 것은 ④-1과 같이 단독으로 사용되었을 때만 지시대명사이고, ④-2처럼 명사와 함께 쓰이면 지시한정사가 된다는 것입니다. (한정사에 관한 자세한 설명은 〈Lesson 18: 한정사와 수량사〉 참고)

④-1　I want that. 나는 그걸 원해.
　　　　　지시대명사

④-2　I want that book. 나는 그 책을 원해.
　　　　　　지시한정사

부정대명사 = 명확하지 않은 사람, 사물, 수량 등을 나타내는 대명사	부정대명사의 '부정indefinite'은 명확하게 정해지지 않은 사람, 사물, 수량 등을 나타낸다는 뜻입니다. anyone, something과 같은 부정대명사는 비교적 쉬운데 문제는 much, all과 같은 수량사입니다. 종류도 많고 한정사로도 쓰일 수 있어서 용법이 복잡하기 때문이죠. (수량사에 관한 자세한 설명은 〈Lesson 18: 한정사와 수량사〉 참고)

⑤-1 I did have dinner, but I didn't eat much.
　　　　　　　　　　　　　　　　　　　　부정대명사
　　　저녁을 먹긴 먹었는데, 많이 먹진 않았어.

⑤-2 They didn't give me much time.
　　　　　　　　　　　　　　한정사
　　　나에게 많은 시간을 주지 않았어.

부정대명사는 뒤에 형용사가 올 수 있다

수량사를 제외한 부정대명사는 다른 대명사와는 달리 형용사를 취할 수 있습니다. 단, 형용사가 꼭 부정대명사 뒤에 와야 하죠.

⑥-1 He isn't anybody important.
　　　　　　　　부정대명사　형용사
　　　그는 중요한 사람은 아니다.

⑥-2 I want something special for my birthday.
　　　　　　　부정대명사　형용사
　　　나는 내 생일 때 뭔가 특별한 것을 원한다.

형용사가 앞에 올 수 없는 이유는 아래 표와 같이 부정대명사는 no, any, some, every와 one, body, thing이 합쳐진 것이기 때문입니다. no, any, some, every는 한정사이고 한정사 앞에는 형용사가 올 수 없죠.

〈수량사를 제외한 부정대명사〉

	one	body	thing
no	no one	nobody	nothing
any	anyone	anybody	anything
some	someone	somebody	something
every	everyone	everybody	everything

B 인칭대명사

인칭대명사에는 주격, 소유격, 목적격, 재귀대명사가 있다

인칭에는 1인칭과 2인칭, 3인칭이 있습니다. 1인칭은 '나'고 2인칭은 '너'죠. 3인칭은 나와 너를 제외한 모든 사람과 사물을 지칭합니다. 인칭대명사는 각 인칭의 단수와 복수를 구별하며 주격, 소유격, 목적격과 재귀대명사를 구별합니다.

		주격대명사	소유한정사	목적격대명사	소유대명사	재귀대명사
1인칭	단수	I	my	me	mine	myself
	복수	we	our	us	ours	ourselves
2인칭	단수	you	your	you	yours	yourself
	복수					yourselves
3인칭	단수	he	his	him	his	himself
		she	her	her	hers	herself
		it	its	it	—	itself
	복수	they	their	them	theirs	themselves

재귀대명사를 제외한 모든 2인칭 대명사의 단·복수는 같다

특이한 것은 재귀대명사를 제외한 모든 2인칭 대명사의 단·복수가 동일하다는 것입니다. 그래서 일상대화에서는 2인칭 복수로 you guys를 자주 사용합니다. guy는 남성을 지칭하지만 guys는 성별에 관계없이 사용되죠.

①-1 What are <u>you guys</u> doing? 너희들 뭐하고 있니?
　　　　　　　　주어

①-2 I hate <u>you guys</u>! 난 너희들이 싫어!
　　　　　　목적어

주어와 목적어로 쓰이는 대명사는 각각 주격, 목적격대명사라고 합니다. 주격대명사 he와 she는 각각 '수컷', '암컷'이란 뜻의 명사로 사용되기도 하죠.

②-1 <u>She</u> loves <u>me</u>. 그녀는 나를 사랑한다.
      주격대명사   목적격대명사

②-2 What a cute puppy! Is it a he or a she?
                            주격대명사
정말 귀여운 강아지네요! 수컷인가요, 암컷인가요?

비인칭 it은 날씨, 명암, 거리, 시간, 계절, 가격 등을 나타낸다

인칭대명사의 '인'은 사람 인(人)자인데 it을 인칭대명사에 포함하는 것은 조금 이상하다는 생각이 들죠? 독특한 것은 it이 ②-2처럼 앞에서 언급된 명사를 대체하는 것이 아니라 ③과 같이 문장에서 아무 의미 없이 주어 자리만 차지하고 있을 수도 있다는 것입니다.

③-1 It's raining out. 밖에 비 오고 있어.

③-2 It's getting dark. 어두워지고 있어.

③-3 It's very far from here. 여기서부터 아주 멀어.

③-4 It's 3:30 now. 지금 3시 반이야.

③-5 It's winter in Australia in August. 8월에 호주는 겨울이다.

③-6 It's 50 dollars all together. 전부 해서 50불입니다.

이렇게 날씨, 명암, 거리, 시간, 계절, 가격 등을 나타내는 it을 비인칭 it이라고 합니다. 비인칭 it을 주어로 사용하는 이유는 영어에서 주어가 없는 문장은 허용되지 않기 때문이죠. (가주어 it, 가목적어 it, It ... that 강조용법은 〈Lesson 25: 무거운 명사 이동, 도치, 강조〉 참고)

> **재귀대명사는 목적어로 쓸 수도 있고 강조용법으로 쓸 수도 있다**

④-1처럼 목적어 자리에서 주어 자신을 지칭하는 대명사를 재귀 reflexive대명사라고 합니다.

④-1　She doesn't hate **herself**. 그녀는 자신을 미워하지 않는다.
　　　　　　　　　　재귀대명사

> 재귀(再歸)는 '다시 돌아옴'이라는 뜻이죠.

재귀대명사는 **강조를 위해 주어, 목적어, 보어의 동격**으로 사용될 수도 있습니다. 목적어로 쓰인 재귀대명사와 달리 강조용법으로 쓰인 재귀대명사는 모두 생략이 가능합니다.

④-2　I **myself** have never done that. 나 자신은 결코 그걸 해 본 적이 없어.
　　　　주어와 동격

④-3　I saw President Obama **himself**. 나는 오바마 대통령 바로 그분을 봤다.
　　　　　　　　　　　　　　　목적어와 동격

④-4　That was beauty **itself**. 그건 아름다움 그 자체였다.
　　　　　　　　　　보어와 동격

강조용법의 재귀대명사는 강조하는 단어의 바로 뒤에 옵니다. 하지만 주어를 강조할 때는 ④-5처럼 문장 끝에 올 수도 있습니다. 그래서 ④-3의 himself를 myself로 바꾸면 주어를 강조하는 문장으로 바뀌게 되죠.

④-5　Did you do it **yourself**? 너 자신이 했어?
　　　　　　　　주어와 동격

④-6　I saw President Obama **myself**. 나 자신이 오바마 대통령을 봤다.
　　　　　　　　　　　　　주어와 동격

> **소유격은 소유한정사와 소유대명사로 나뉜다**

주격, 목적격과 달리 소유격은 **소유한정사와 소유대명사**로 나뉩니다. 보통 인칭대명사에 소유한정사를 포함해서 같이 외우지만, 엄밀히 말하면 소유한정사는 명사를 대체하는 단어가 아니기 때문에 대명사가 아닙니다.

⑤-1   He took my bag. 그는 내 가방을 가져갔다.
            소유한정사

⑤-2   He took mine. 그는 내 것을 가져갔다.
            소유대명사

 이것만은 확실히!

1. What감탄문 = What + a(n) + 형 + 명 + (주 + 동)
   e.g. What a car wash!   What pretty flowers!

2. How감탄문 = How + 형(또는 부) + (주 + 동)
   e.g. How stupid!   How stupid of me!

3. 부정대명사는 뒤에 형용사가 올 수 있다.
   e.g. I want something special for my birthday.

4. **비인칭 it**은 날씨, 명암, 거리, 시간, 계절 등을 나타내는 문장의 주어로 사용된다.
   e.g. It's raining out.   It's 3:30 now.

5. 재귀대명사는 목적어로 사용될 수도 있고 강조를 위해 주어, 목적어, 보어의 동격으로 사용될 수도 있다.
   e.g. She doesn't hate herself.
        I saw President Obama myself.

Grammar Upgrade

영어에는 '서로'라는 뜻을 가진 상호reciprocal대명사가 두 개 있습니다. each other와 one another이죠. 많은 문법책에서 each other은 두 명일 때, one another는 세 명 이상일 때 사용한다고 설명을 합니다. 그런데 왜 ⓐ에서는 one another가 쓰였고 ⓑ에서는 each other가 쓰였을까요?

ⓐ How do you support and love one another?[49]
(부부에게) 서로를 어떻게 지지하고 사랑하시죠?

ⓑ The three brothers are completely different from each other.
그 삼 형제는 서로 완전히 다르다.

each other와 one another의 쓰임은 숫자와는 아무 관계가 없습니다. 두 명이건 열 명이건 each other와 one another 모두 사용할 수 있죠. 차이점은 one another가 each other보다 격식 있는 표현이라는 것입니다.

따라서 ⓐ는 전문적인 부부 상담 중에나 사용될 수 있는 표현이 되겠죠. 성경책에 one another가 자주 등장하는 이유도 each other보다 격식 있는 표현이기 때문입니다.

ⓒ Beloved, let us love one another. (1 John 4:7)
사랑하는 자들아, 우리가 서로 사랑하자. (요한일서 4장 7절)

ⓓ I give you a new commandment, that you love one another. (John 13:34)
내가 너희에게 새 계명을 주노니 서로 사랑하라. (요한복음 13장 34절)

한정사와 수량사
Determiners & Quantifiers

이런 말, 영어로 할 수 있나요?
ⓐ 다른 모든 사람들은 집에 갔어.
ⓑ 나는 케이크 반쪽만 원해.
ⓒ 다 같은 것들이야.
ⓓ 그는 나의 모든 행동을 감시하고 있어.
ⓔ 두어 권의 책이 내가 필요한 전부야.

> 정답 ⓐ는 A의 ②-1번, ⓑ는 ⑤-1번, ⓒ는 ⑧-2번, ⓓ는 B의 ③번, ⓔ는 ⑦-1번 문장을 보세요.

한정사

형용사와 달리 한정사 뒤에는 꼭 명사가 나온다

관사 a(n)와 the는 형용사가 아닌 한정사의 일종입니다. 한정사는 명사의 뜻을 한정해 주는 단어고, 형용사는 명사를 꾸며 주는 단어입니다. 그리고 형용사와 달리 한정사 뒤에는 꼭 명사가 나와야 합니다.

①-1 *This book is a.

①-2 This book is interesting.

①-3에서 a는 book을 꾸며 주지 않습니다. 단지 book이 뜻할 수 있는 범위를 '불특정한 한 권의 책'으로 한정해 주고 있죠. 하지만 ①-4에서 형용사 interesting은 book을 '흥미로운 책'이라는 뜻으로 꾸며 주고 있습니다.

①-3 This is a book.

①-4 This is an interesting book.

한정사는 전치, 중치, 후치한정사로 나뉜다	한정사는 전치, 중치, 후치한정사로 나뉩니다. 그중 가장 중요한 것은 관사, 소유한정사(my, their, Isaiah's 등), 지시한정사(this/these, that/those)로 이루어진 중치한정사입니다.

전치한정사	중치한정사	후치한정사
❶ all, both, half ❷ once, double, three times 등	❶ 관사 ❷ 소유한정사 ❸ 지시한정사	❶ 서수&기수(first, second & one, two 등) ❷ 대다수의 수량사(many, few, several 등) ❸ last, next, same, other, former, latter

한정사가 세 종류로 나뉘는 이유는 명사구를 만들 때 각각의 범주에서 한정사를 하나씩 뽑아 만들 수 있기 때문입니다.

②-1　All the other guys went home.
　　　전치 중치　후치
　　　다른 모든 사람들은 집에 갔어.

②-2　All our many dreams vanished that day.
　　　전치 중치　후치
　　　우리의 많은 꿈들이 그날 모두 사라졌다.

중치한정사(관사, 소유·지시한정사)는 연달아 쓸 수 없다	꼭 기억해야 할 것은 중치한정사는 연달아 쓸 수 없다는 것입니다.

③-1　*It's the Isaiah's book.

③-2　*It's my that book.

③-3　*It's the that book.

전치한정사도 연달아 사용할 수 없는 반면, 후치한정사는 연달아 사용할 수 있습니다.

④　I want the same three books that he has.
　　나는 그가 갖고 있는 똑같은 세 권의 책을 원한다.

| 관사 외의 한정사들은 대부분 대명사로도 쓰인다 | 만약 한정사 뒤에 명사가 오지 않으면 대명사로 쓰인 것입니다. 관사를 제외한 다른 한정사들은 거의 모두 대명사로도 쓰일 수 있죠.

⑤-1 I only want <u>half</u> a piece of cake. 나는 케이크 반쪽만 원해.
           한정사

⑤-2 I only want <u>half</u>. 나는 반쪽만 원해.
           대명사

⑥-1 It's <u>Isaiah's</u> car. 이건 Isaiah의 차야.
           한정사

⑥-2 It's <u>Isaiah's</u>. 이건 Isaiah 거야.
           대명사

⑦-1 I don't want <u>more</u> books. 나는 더 많은 책을 원하지 않아.
                 한정사

⑦-2 I don't want <u>more</u>. 나는 더 원하지 않아.
                 대명사

| 후치한정사 same은 대명사로 쓰일 때 the와 함께 쓰여야 한다 | 후치한정사 last(마지막), next(다음), same(같은), other(다른), former(전자의), latter(후자의)는 대명사로 쓰일 때 모두 정관사와 함께 쓰여야 한다는 공통점을 가지고 있습니다. 학생들이 많이 틀리는 것 중 하나가 same을 형용사로 착각하여 ⑧-3처럼 the를 쓰지 않는 것입니다.

⑧-1 They're the <u>same</u> books. 다 같은 책들이야.
                한정사

⑧-2 They're the <u>same</u>. 다 같은 것들이야.
                대명사

⑧-3 *They're same.

B 수량사

수량사는 불특정한 수나 양을 나타낸다

many, few, less와 같이 불특정한 수나 양을 나타내는 단어를 수량사quantifier라고 합니다. 특정한 수나 양을 나타낼 때는 one, ten, hundred와 같은 기수cardinal number를 사용하죠. 수량사는 가산명사와 함께 쓰이는 것, 불가산 명사와 함께 쓰이는 것, 그리고 가산·불가산명사와 모두 함께 쓰일 수 있는 것으로 나뉩니다.

〈수량사와 수량사구〉

가산명사		불가산명사		가산·불가산명사	
many	많은	much	많은	a lot of	많은
a number of	많은	a good deal of	많은	lots of	많은
a few	약간 있는	a little	조금 있는	plenty of	많은
few	거의 없는	little	거의 없는	enough	충분한
every/each	모든/각각			all	모든
several	몇몇의			half	절반의
both	둘 다			some	약간, 조금
a couple of	두어 명(개)의			any	어느, 어떤

모든 수량사는 한정사다

모든 수량사는 한정사입니다. 그리고 no와 every를 제외한 모든 수량사는 대명사로 쓰일 수도 있습니다.

한정사

①-1 I need no money.
나는 돈이 필요 없어.

①-2 I didn't get every book.
나는 모든 책을 받지 않았어.

대명사

*I need no.

*I didn't get every.

②-1 I want some ice cream too.　　　I want some too.
　　　나도 아이스크림을 원해.　　　　　　나도 원해.

②-2 I don't have enough water.　　　I don't have enough.
　　　나는 충분한 물을 가지고 있지 않아.　　나는 충분하게 갖고 있지 않아.

every는 오직 소유한정사와만 함께 쓰일 수 있다

전치한정사인 all, both, half를 제외한 대부분의 수량사는 후치한정사이고 *The Many* Moods of Christmas(크리스마스 캐럴 앨범 이름)와 같이 중치한정사와 연이어서 사용될 수 있습니다. 하지만 some, any, no는 어떤 중치한정사와도 사용될 수 없고, every는 오직 소유한정사와만 쓰일 수 있습니다.

③ He's watching *the every move / my every move / *this every move.
　　　　　　　　　관사　　　　　　소유한정사　　　　지시한정사
그는 나의 모든 행동을 감시하고 있어.

both와 달리 either는 중치한정사와 연이어 쓸 수 없다

each, enough, either, neither는 어떤 한정사와도 연이어서 사용될 수 없습니다. 다른 한정사와 함께 쓰려면 of를 사용해서 대명사로 써야 하죠.

④-1 Either book is fine. (*Either the book is fine.)
　　　한정사
　　= Either of the books is fine. 두 책 중 어느 거나 괜찮아.
　　　대명사

하지만 either와 비슷한 뜻을 가지고 있는 both는 세 가지 형태 모두 가능합니다. 물론 ④-1과 ④-2에서 모두 the 대신 다른 중치한정사인 my, these 등을 쓸 수 있습니다.

④-2 Both books are fine. = Both the books are fine.
　　　한정사　　　　　　　　　전치 중치한정사
　　= Both of the books are fine. 두 책 모두 괜찮아.
　　　대명사

| 수량사+of+중치한정사+보통명사 | 수량사가 of와 함께 쓰일 때는 보통명사 앞에 중치한정사가 꼭 사용되어야 합니다. 물론 all/many/some of them처럼 대명사 앞에는 아무것도 사용할 필요가 없죠. |

⑤ He talked to *all/many/some of students.
  그는 모든/많은/몇몇의 학생들과 이야기를 나눴다. → all/many/some students
  모든/많은/몇몇의 그 학생들   → all/many/some of the students
  모든/많은/몇몇의 나의 학생들   → all/many/some of my students
  모든/많은/몇몇의 저 학생들   → all/many/some of those students

| half는 분수로도 쓰이므로 a half of the도 가능하다 | half는 다른 수량사와 달리 분수로도 사용될 수 있기 때문에 a half of the와 half of the가 모두 가능합니다. 분수로 쓰인 a half(또는 one half)는 통째로 된 절반을 의미합니다. 따라서 ⑥의 a half는 계속된 한 주를 뜻하죠. 하지만 a half를 half로 바꾸면 계속된 한 주를 뜻할 수도 있고 띄엄띄엄 일주일간을 뜻할 수도 있습니다. |

⑥ The weather had been unexpectedly rough for nearly a half of the two-week winter cruise.[50]
     분수
  2주간의 겨울 유람선 여행 중 거의 절반 동안 계속해서 예상치 않게 날씨가 안 좋았다.

| 부분사와 달리 수량사구는 한정사다 | a lot of, a couple of, plenty of와 같이 구로 이루어진 수량사는 수량사구라고 합니다. (다른 수량사구와 달리 plenty of 앞에는 a가 없습니다.) 수량사구는 불가산명사를 셀 때 사용되는 a piece of 같은 부분사와 비슷한 구조를 가지고 있습니다. 하지만 수량사구는 한정사로 취급되기 때문에 ⑦-1처럼 수량사구 다음에 나오는 명사가 주어가 됩니다. |

⑦-1 A couple of books are all I need. 두어 권의 책이 내가 필요한 전부야.
              주어

    A piece of toast is all I need. 토스트 하나가 내가 필요한 전부야.
      주어

그리고 ⑦-2에서 보이듯이 수량사구는 복수형이 될 수 없지만 부분사는 복수형이 될 수 있죠.

⑦-2 *Two <u>couples</u> of books <u>are</u> all I need.

Two <u>pieces</u> of toast <u>are</u> all I need.

수량사구는 부분사 앞에 올 수 있다

수량사구는 한정사이기 때문에 ⑧과 같이 부분사와도 사용될 수 있습니다.

⑧ A couple of pieces of toast are all I need.
     수량사구   부분사
   토스트 두어 개가 내가 필요한 전부야.

a couple of는 수량사이므로 불특정한 수를 나타냅니다. 따라서 명사 couple은 '두 명(개)'이라는 뜻인 반면 수량사 a couple of는 '두어 명(개)'이라는 뜻이 되죠.

부분사는 주로 toast와 같은 불가산 명사와 함께 쓰이지만 two boxes of toys(장난감 두 상자), a pride of lions(사자 한 무리)와 같이 가산명사와 함께 쓰일 수도 있습니다.

이것만은 확실히!

1. 한정사는 전치, 중치, 후치로 나뉘고 중치한정사에는 관사와 소유·지시한정사가 있다.
   - e.g. All our many dreams vanished that day.
     전치 중치 후치

2. 후치한정사 last, next, same, other, former, latter는 대명사로 쓰일 때 모두 the와 함께 사용되어야 한다.
   - e.g. They're the same.　　　　*They're same.

3. 수량사는 모두 한정사이고 불특정한 수나 양을 나타낸다.
   - e.g. I want some ice cream too.　　I want some too.

4. 수량사 + of + 중치한정사 + 보통명사
   - e.g. He talked to all/many/some of the students.
     *all/many/some of students.

5. 수량사구는 한정사이기 때문에 부분사 앞에 올 수 있다.
   - e.g. A couple of pieces of toast are all I need.
     　　수량사　　　　부분사

Grammar Upgrade

"나는 도넛 한 다스를 샀다."를 맞게 표현한 것은 무엇일까요?

ⓐ I bought a dozen doughnuts.

ⓑ I bought a dozen of doughnuts.

dozen은 '열 둘'을 뜻하는 숫자입니다. 숫자를 나타내는 단어를 명사 앞에 사용할 때는 of가 필요 없으므로 정답은 ⓐ가 됩니다. '두 다스'라고 할 때는 dozen 앞에 two만 붙여주면 되죠.

ⓒ I bought two dozen doughnuts.
나는 도넛 두 다스를 샀다.

숫자와 of를 같이 사용할 수 있는 경우는 두 가지입니다. 첫째는 ⓓ처럼 of 뒤에 중치한정사(관사 또는 소유·지시한정사)를 사용하는 것입니다. (the fresh doughnuts는 them으로 바꿀 수도 있죠.)

ⓓ I bought two dozen of the fresh doughnuts.
= two <u>dozen</u> of them (*two <u>dozens</u> of the fresh doughnuts/them)
나는 신선한 도넛 두 다스를 샀다.

둘째는 ⓔ처럼 불특정한 다수를 뜻할 때 복수형과 함께 of를 사용하는 것입니다. (정확한 숫자를 뜻할 때는 dozen을 복수형으로 하지 않습니다.)

ⓔ I bought <u>dozens</u> of doughnuts. 나는 몇 십 개의 도넛을 샀다.

Grammar Upgrade

이 모든 설명은 ten, score, hundred, thousand와 같은 다른 숫자들에도 똑같이 적용됩니다. 남북전쟁이 한창이던 1863년 11월 19일, 링컨 대통령은 펜실베이니아 주 게티즈버그에서 ⓕ로 시작하는 불후의 명연설을 남깁니다.

ⓕ **Four score and seven** years ago, our fathers brought forth on this continent a new nation, conceived in liberty and dedicated to the proposition that all men are created equal.
지금으로부터 87년 전 우리의 선조들은 이 대륙에서 자유 속에 잉태되고, 만인은 모두 평등하게 창조되었다는 명제에 봉헌된 한 새로운 나라를 탄생시켰습니다.

score는 '정확히 20' 또는 '20개 정도'를 뜻합니다. Four score and seven은 '(4 × 20) + 7 = 87'이라는 뜻이므로 여기서는 '정확히 20'이라는 의미이죠. 하지만 요즘에는 '정확히 20'이라는 뜻은 잘 사용되지 않습니다. 예를 들어, twenty cars 대신 a score cars(자동차 20대)라고 말하는 사람은 없는 것처럼 말이죠.

반면에 '20여 대의 차'는 불특정한 숫자이기 때문에 ⓖ에서처럼 a score of를 사용하면 됩니다. (a couple of가 '두어 명(개)'의 뜻이 되는 것과 같습니다.)

ⓖ **A score of** cars were destroyed. 20여 대의 차가 파괴되었다.

관사 I
Articles I

> **이런 말, 영어로 할 수 있나요?**
> ⓐ 나는 어제 꿀을 샀어.
> ⓑ 내가 지난주에 새 컴퓨터를 샀는데 모니터가 벌써 망가졌어.
> ⓒ 소금 좀 건네주실 수 있을까요?
> ⓓ McQueen이 그 경주에서 이긴 차의 이름이야.
> ⓔ 세계에서 가장 부자인 사람이 누구지?
>
> 정답 ⓐ는 A의 ③번, ⓑ는 B의 ③-1번, ⓒ는 ④-2번, ⓓ는 ⑤-1번, ⓔ는 ⑦-1번 문장을 보세요.

A 부정관사

명사가 특정한지 불특정한지는 청자의 입장에서 결정된다

관사에는 불특정한 것을 가리키는 부정관사 a(n)와 특정한 것을 가리키는 정관사 the가 있습니다. **명사가 특정한지 불특정한지는 청자의 입장에서 결정**됩니다. ①의 화자는 어떤 컴퓨터를 구입했는지 알지만 청자는 모르기 때문에 청자에게는 불특정한 컴퓨터이므로 a computer라고 한 것처럼 말이죠.

① I bought <u>a computer</u> yesterday. 나는 어제 컴퓨터 한 대를 샀어.

청자에게 **불특정한 것은 주로 대화에 처음 언급되는 것들입니다.** ②-1에서도 내가 받은 책은 내게는 이미 특정한 책이지만 청자는 어떤 책인지 모르므로 a book이 된 것이죠.

②-1 She gave me <u>a book</u> yesterday. 그녀는 내게 어제 책 한 권을 줬어.

②-2처럼 the book이라고 하면 청자도 알고 있는 '그 책'이라는 뜻이 됩니다.

②-2 She gave me the book yesterday.
　　　　그녀는 내게 어제 (너도 알고 있는) 그 책을 줬어.

a(n)는 불특정 가산명사 앞에만 쓰고 불가산명사 앞에는 쓰지 않는다

불특정한 것이라고 항상 부정관사와 함께 사용되는 것은 아닙니다. ③에서처럼 불가산명사는 부정관사와 함께 사용되지 않기 때문이죠. 따라서 부정관사를 쓰려면 먼저 명사가 가산명사인지 불가산명사인지를 판단해야 합니다.

③ I bought honey yesterday. 나는 어제 꿀을 샀어.

B 정관사

정관사는 '특정한 명사' 앞에 쓰인다

영어에서 가장 많이 쓰이는 단어는 정관사 the입니다.[51] 거의 7% 정도를 차지하죠. 정관사는 특정한 명사 앞에 사용하면 되는데 문제는 '특정한 명사'의 종류가 너무 많다는 것입니다. 가장 흔히 사용되는 특정한 명사의 종류는 다음과 같습니다.

> ⓐ 반복된 명사 anaphoric use (= second mention)
> ⓑ 언급된 명사와 관계있는 명사 associative use
> ⓒ 상황으로 알 수 있는 명사 situational use
> ⓓ 뒤에서 꾸밈을 받은 명사 cataphoric use (= post-modification)
> ⓔ 최상급 등으로 인한 유일한 명사 unique modifiers

'반복된 명사' 앞에 the를 사용한다

불특정한 명사가 특정한 명사가 되는 가장 대표적인 상황은 앞에 나온 명사가 다시 반복될 때입니다. 모든 문법책에서 정관사의 용법을 설명할 때 가장 먼저 다루는 용법이며, 예를 들 때는 주로 ①-1과 같은 예문을 사용하죠.

①-1 Yesterday I saw some dogs. The dogs were chasing a cat. The cat was chasing a mouse. The mouse ran into a hole. The hole was very small.⁵²
어제 나는 개 몇 마리를 보았다. 그 개들은 고양이 한 마리를 쫓고 있었다. 그 고양이는 쥐 한 마리를 쫓고 있었다. 그 쥐는 구멍 하나로 뛰어 들어 갔다. 그 구멍은 아주 작았다.

①-1은 모두 문법에 맞는 문장으로 구성되어있고 a와 the의 차이를 명확하게 보여 주고 있습니다. 하지만 일상대화에서는 바로 앞에 나온 명사를 ①-2에서처럼 주로 대명사로 받습니다. The mouse를 It으로 하지 않은 것은 It이 a cat을 지칭할 수도 있기 때문이죠.

①-2 Yesterday I saw some dogs. They were chasing a cat. It was chasing a mouse. The mouse ran into a hole, which was very small.

문장의 세련미를 위해 반복할 때 다른 명사를 쓴다

문어체라 할지라도 반복되는 똑같은 명사를 관사만 바꿔서 쓰지는 않습니다. ②에서 The 14-year-old와 The girl은 모두 첫 문장에 나온 A teenager를 가리킵니다. 똑같은 명사를 반복해서 계속 쓰면 문장의 세련미가 급격히 떨어지므로 다른 명사로 바꿔서 표현하는 것이 좋습니다.

② A teenager who existed on a junk food diet developed scurvy…. The 14-year-old, from Northern Ireland, lived on cola, chocolate, hamburgers and crisps…. The girl did not eat much fruit and was not keen on vegetables.⁵³
정크 푸드만 먹고 살아온 십대 한 명이 괴혈병에 걸렸다. 북 아일랜드에 살고 있는 그 14세 (소녀)는 콜라, 초콜릿, 햄버거와 감자칩을 먹고 살았다. 그 소녀는 과일은 많이 먹지 않고 채소도 좋아하지 않았다.

'언급된 명사와 관계있는 명사'는 처음 나올 때도 the를 쓴다

정관사가 어려운 이유는 '반복된 명사'에 쓰는 경우보다 처음 나오는 명사에 쓰는 경우가 훨씬 많기 때문입니다.[54] 그중 하나가 ③-1과 같이 이미 언급된 명사와 관계있는 명사에 쓰인 경우입니다.

③-1　I bought a new computer last week, but the monitor is already broken. 내가 지난주에 새 컴퓨터를 샀는데 모니터가 벌써 망가졌어.

monitor가 처음 나온 단어임에도 불구하고 the와 함께 쓰인 이유는 '내가 지난주에 산 컴퓨터'와 관계있는(같이 구매한) 물품이기 때문입니다. 따라서 monitor와 함께 keyboard, mouse 등의 부속품도 모두 특정한 명사가 되죠. 만약 ③-2처럼 a monitor라고 하면 '지난주에 산 컴퓨터'와는 관계없는 monitor가 되어 이해할 수 없는 문장이 됩니다.

③-2　?I bought a new computer last week, but a monitor is already broken.
　　　지난주에 새 컴퓨터를 샀는데 (다른) 모니터 한 대가 벌써 망가졌어.

'상황으로 알 수 있는 명사' 앞에는 the를 쓴다

④처럼 처음 나오는 명사 앞에 the가 쓰이면 화자와 청자가 함께 있는 장소에는 그 명사가 하나밖에 없다는 뜻입니다. 달, 태양, 세계를 말할 때 the moon, the sun, the world라고 하는 이유도 우리 모두가 알고 있는 달, 태양, 세계는 하나씩만 존재하기 때문이죠.

④-1　Can you close the door? 문 좀 닫아 주실 수 있을까요?

④-2　Can you pass the salt? 소금 좀 건네주실 수 있을까요?

④-1에서 화자와 청자가 함께 있는 방의 문은 둘 다 알고 있는 문이므로 the door라고 하고 ④-2에서 화자와 청자가 함께 식사를 하고 있는 식탁 위에 있는 소금도 둘 다 알고 있는 소금이므로 the salt가 됩니다. 만일 문이 여러 개가 있다면 the door는 여러 개의 문 중 열려 있는 문을 뜻하고, 큰 식탁에 소금 통이 여러 개가 있다면 the salt는 청자에게 가장 가까운 소금을 뜻합니다.

⑤-1에서 name이 the와 함께 쓰인 이유는 전치사구 of the car가 뒤에서 꾸며 주기 때문입니다. car가 the와 함께 쓰인 이유는 관계사절 that won the race가 뒤에서 꾸며 주기 때문이죠.

> 뒤에서 꾸밈을 받는 명사 모두가 '특정한 명사'가 되는 것은 아니다

⑤-1　McQueen is the name of the car that won the race.
　　　McQueen이 그 경주에서 이긴 차의 이름이야.

그러나 뒤에서 꾸밈을 받는다고 명사가 항상 the와 함께 사용되어야 하는 것은 아닙니다. 경주에서 이긴 차는 하나밖에 없으므로 ⑤-1에서는 the를 사용해야 하지만 스스로 주차하는 차는 많을 수 있으므로 ⑤-2에서는 a를 사용해야 하죠.

⑤-2　I need a car that can park itself.
　　　나는 스스로 주차할 수 있는 차가 필요해.

⑥에서도 코너에 집이 하나밖에 없으면 the를 써야 하지만 집이 여러 개가 있으면 a를 사용해야 합니다.[55]

⑥-1　The house on the corner is for sale.
　　　코너에 있는 그 집을 (주인이) 팔려고 내놓았다.

⑥-2　A house on the corner is for sale.
　　　코너에 있는 집 하나를 (주인이) 팔려고 내놓았다.

의미를 생각하지 않고 뒤에서 꾸밈을 받는 명사 앞에는 무조건 the가 붙는다고 공부한 학생들은 ⑤-2와 ⑥-2는 틀린 문장이라고 생각할 수 있으므로 주의해야 합니다.

> '최상급 등으로 인한 유일한 명사' 앞에 the를 쓴다

'반복된 명사'를 제외한 다른 모든 특정한 명사의 공통점은 유일하다는 것입니다. ③-1에서 내가 산 computer와 관계있는 monitor는 하나밖에 없습니다. ④-1에서 방에 있는 문(또는 열려있는 문)도 하나

밖에 없고, ⑤-1에서 경주에 이긴 차는 하나뿐이죠. 뒤에서 꾸밈을 받아도 유일하지 않으면 ⑤-2, ⑥-2처럼 a를 써야 합니다.

명사가 유일해지는 방법은 또 하나 있습니다. ⑦과 같이 **최상급 또는 유일함을 나타내는 다른 단어들과 함께 쓰면** 되죠.

⑦-1 Who is the richest man in the world?
세계에서 가장 부자인 사람이 누구지?

⑦-2 Who is the first man to walk on the moon?
달에 처음 간 사람은 누구지?

⑦-3 The next episode will be really interesting.
다음 방송은 정말 흥미로울 거야.

⑦-4 He was the only man alive.
그가 살아남은 유일한 사람이었다.

이것만은 확실히!

1. 명사가 특정한지 불특정한지는 청자의 입장에서 결정되고, 불특정한 가산명사 앞에 a(n)을 사용한다.
   e.g. She gave me a book yesterday.

2. '반복된 명사' 앞에 the를 사용한다.
   e.g. It was chasing a mouse. The mouse ran into a hole.

3. '언급된 명사와 관계있는 명사'는 처음 나올 때도 the와 함께 사용한다.
   e.g. I bought a new computer last week, but the monitor is already broken.

4. '상황으로 알 수 있는 명사' 앞에도 the를 사용한다.
   e.g. Can you pass the salt?

5. 뒤에서 꾸밈을 받은 명사의 모두가 '특정한 명사'가 되는 것은 아니다.
   e.g. The house on the corner is for sale.
   A house on the corner is for sale.

6. '최상급 등으로 인한 유일한 명사' 앞에 the를 사용한다.
   e.g. Who is the richest man in the world?

Grammar Upgrade

다음 두 문장은 모두 문법에 맞는 문장입니다. 그런데 이 중 라푼젤의 하나뿐인 친구 파스칼을 처음 소개하는 말로 적절한 것은 무엇일까요?

ⓐ Rapunzel's only friend was the chameleon named Pascal.

ⓑ Rapunzel's only friend was a chameleon named Pascal.

정답은 ⓑ입니다. 누군가를 처음 소개할 때 the… named…를 쓰는 것은 흔히 범하는 오류 중 하나입니다. Pascal이라는 이름을 가진 chameleon(라푼젤의 친구)은 여러 마리가 있을 수 있기 때문에 ⓑ와 같이 a를 써야 하죠. 본문 중 ⑤-2의 a car that can park itself에서 a가 사용된 것과 같은 이치입니다.

ⓐ도 비문은 아니지만 chameleon 앞에 the를 쓰려면 ⓒ처럼 담화 내에 이미 chameleon이라는 단어가 쓰였어야 합니다.

ⓒ Once upon a time, there was a girl named Rapunzel, and she went to a school populated solely by animals. There were all types of animals there, two or three of each kind. Being the only human, Rapunzel had a lot of trouble making friends. In fact, she was only able to make headway among the chameleons. Rapunzel's only friend was the chameleon named Pascal.[56]

오래전에 라푼젤이라는 이름의 한 소녀가 있었는데, 그녀는 오롯이 동물들만 있는 학교에 다녔다. 모든 종류의 동물들이 종류마다 둘 또는 셋씩 그 곳에 있었다. 다른 사람은 없었기 때문에 라푼젤은 친구를 사귀는 데 많은 어려움을 겪었다. 사실상 그녀는 오직 카멜레온들과 친해질 수 있었다. 라푼젤의 유일한 친구는 파스칼이라는 이름의 카멜레온이었다.

Grammar Upgrade

ⓒ의 첫 문장에서 the girl 대신 a girl이 사용된 것도 Rapunzel을 처음 소개하는 문장이기 때문입니다. 담화 내에 chameleon이 쓰이지 않은 상태에서 Pascal을 처음 소개하는 문장에 the를 쓰려면 ⓓ처럼 named를 삭제해야 합니다.

ⓓ Rapunzel's only friend was the chameleon n~~amed~~ Pascal.

마찬가지로 ⓔ처럼 '영화 〈라푼젤(*Tangled*)〉'이라고 말할 때는 the movie *Tangled*, '〈라푼젤〉이라는 영화'라고 말할 때는 a movie called *Tangled*라고 해야 합니다.

ⓔ-1 Did you watch the movie *Tangled*?
　　　영화 〈라푼젤〉 봤어?

ⓔ-2 Did you watch a movie called *Tangled*?
　　　〈라푼젤〉이라는 영화 봤어?

Lesson 20

관사 II
Articles II

이런 말, 영어로 할 수 있나요?
ⓐ 나는 피아노를 매일 쳐.
ⓑ 우리 사무실에 Jaden이라는 사람은 절대 없었다.
ⓒ 네덜란드는 스피드 스케이팅의 발생지이다.
ⓓ 그는 매주 일요일 교회에 간다.
ⓔ 우리는 시급을 받는다.

정답 ⓐ는 A의 ①-1번, ⓑ는 B의 ①-1번, ⓒ는 ②-2번,
ⓓ는 C의 ②-3번, ⓔ는 ⑥-2번 문장을 보세요.

 종족대표

정관사는 종족대표를 나타내는 총칭적 의미로도 쓰인다

특이한 관사의 용법 중 하나는 동사 play 다음에 ①-1처럼 악기가 나올 때는 the를 쓰고 ①-2처럼 운동이 나오면 아무 관사도 쓰지 않는다는 것입니다.

①-1 I play **the piano** every day. 나는 피아노를 매일 쳐.

①-2 I play **basketball** every day. 나는 농구를 매일 해.

basketball(농구), baseball(야구), volleyball(배구)와 같은 운동 이름 앞에 아무 관사도 쓰지 않는 이유는 운동명은 추상명사이기 때문입니다. 똑같은 단어가 ②처럼 '농구공', '야구공', '배구공'의 뜻으로 쓰일 때는 관사와 함께 사용되죠.

② I bought a basketball yesterday. 나는 어제 농구공 하나를 샀다.

195

> 요즘 미국 영어에서는 악기 앞에 the를 쓰지 않기도 합니다.

반면 ①-1에서 piano 앞에 the를 사용한 것은 피아노를 총칭적으로 가리키는 종족대표generic use로 사용하기 위해서입니다. ③처럼 발명품 앞에 관용적으로 the를 사용하는 것과 같은 용법이죠.

③ The wheel is one of the most important inventions in history.
바퀴는 역사상 가장 중요한 발명품 중 하나이다.

종족대표는 복수형, 부정관사, 정관사 세 가지로 나타낼 수 있다

정관사 외에 종족대표는 복수형과 부정관사로도 나타낼 수 있습니다.

펭귄은 날지 못하는 새이다.
ⓐ 복수형   Penguins are flightless birds.
ⓑ 부정관사 A penguin is a flightless bird.
ⓒ 정관사   The penguin is a flightless bird.

ⓑ처럼 부정관사가 종족대표로 쓰이는 것도 가능은 하지만 문장의 의미에 따라 간혹 불가능한 경우도 있습니다. ⓒ처럼 정관사를 사용하면 특정한 명사로 잘못 해석될 수도 있으므로 종족대표를 나타낼 때는 ⓐ처럼 복수형을 사용하는 것이 가장 안전합니다.

복수형 종족대표는 정관사를 동반하지 않습니다. 몇 가지 예외가 있지만 그중 중요한 예외는 ④처럼 국적 또는 민족을 나타낼 때죠.

④ Koreans love to sing. = The Koreans love to sing.
한국인들은 노래하는 것을 아주 좋아한다.

회화에서는 복수형이, 문어체에서는 정관사가 주로 종족대표로 쓰인다

일상대화나 격식 없는 문어체에서는 주로 복수형이 종족대표로, 격식 있는 문어체에서는 주로 정관사가 종족대표로 사용됩니다. 종족대표의 정관사는 ⑤와 같이 영영사전에서도 자주 쓰이죠.

⑤ fax: the printed material received or sent electronically by the fax machine[57] 팩스: 팩스 기기를 통해 전자적으로 받거나 보내는 인쇄된 자료

B 고유명사와 관사

고유명사도 a(n)과 함께 쓸 수 있고 복수형 고유명사는 항상 the를 동반한다

고유명사가 단수로 사용될 때는 보통 아무 관사 없이 사용되지만 상황에 따라 ①과 같이 부정관사와 함께 쓰일 수도 있습니다.

①-1 We never had a Jaden in our office.
우리 사무실에 Jaden이라는 사람은 절대 없었다.

①-2 My uncle was a Hercules.
내 삼촌은 헤라클레스와 같이 힘이 센 사람이었다.

①-3 He wants a Mercedes Benz.
그는 벤츠 차 한 대를 원한다.

복수형 고유명사는 ②처럼 항상 the를 동반하죠.

②-1 I've never been to the Alps.
나는 한 번도 알프스 산맥에 가본 적이 없다.

②-2 The Netherlands is the birthplace of speed skating.
네덜란드는 스피드 스케이팅의 발생지이다.

보통명사가 포함된 단수형 국가명도 the를 쓴다

복수형 국가명의 다른 예는 the Philippines와 the United States of America가 있습니다. 그런데 왜 the United Kingdom은 복수형이 아닌데 the가 붙었을까요? 보통명사 kingdom(왕국)이 포함되었기 때문입니다. 마찬가지로 Korea에는 정관사가 없지만 보통명사

> 미군들은 한국 육군을 the ROK Army라고 하는데 ROK(rock과 같은 발음)는 Republic of Korea를 뜻합니다.

republic(공화국)을 포함한 the Republic of Korea에는 정관사가 있습니다.

〈the를 취하는 국가명〉

복수형 국가명	보통명사가 포함된 국가명
the Maldives 몰디브	the United Kingdom 영국
the Philippines 필리핀	the Republic of Korea 한국
the Netherlands 네덜란드	the Russian Federation 러시아
the United States of America 미국	the (former) Soviet Union 소련

보통명사가 포함된 단수형 고유명사에 the가 붙는 규칙은 모든 국가명에 적용되지만, 이 규칙이 다른 고유명사에게도 항상 적용되는 것은 아닙니다. 예를 들어 San Francisco Bay(샌프란시스코 만), Lake Tahoe(타호 호수)는 보통명사를 포함하는데 the가 없고, 반대로 the Atlantic(대서양), the Charles(찰스 강)는 보통명사를 포함하지 않는데 the가 있죠.

> 형태가 분명하지 않은 바다, 강, 반도 등의 고유명사는 the를 취한다

몇몇 학자는 만과 호수는 형태가 분명하지만 바다와 강은 형태가 분명하지 않기 때문에 the가 불특정한 형태를 특정하게 해준다고 설명합니다.[58] Mount Everest(에베레스트 산)와 같이 형태가 분명한 산의 이름에는 the를 붙이지 않고 the Korean Peninsula(한반도)와 같이 어디부터가 시작인지 불분명한 반도의 이름에는 the를 붙이는 것도 같은 규칙으로 설명할 수 있습니다.

하지만 이 규칙은 ③에서처럼 선박의 이름에는 왜 the를 쓰는지 설명할 수 없습니다. 배의 형태가 불분명해서 the를 붙여야 하는 것은

아니니까요.

③ They arrived in Plymouth on the *Mayflower* in 1620.
   그들은 1620년에 메이플라워 호를 타고 플리머스에 도착하였다.

고유명사와 함께 쓰이는 the를 모두 설명할 수 있는 규칙은 없다

어떤 고유명사가 the와 함께 쓰이는지를 모두 설명할 수 있는 규칙은 없습니다. 셰익스피어도 Mount Everest와 같은 산 이름 앞에 the를 써야 할지 망설였다고 하니까요.[59] 그러니 규칙도 없는 것을 문법책을 보며 외우는 것은 의미가 없죠. 가장 좋은 방법은 새로운 고유명사를 접했을 때 the의 사용 여부를 확인하고 함께 기억하는 것입니다.

C 관사의 생략

본래의 추상적인 목적을 나타낼 때는 단수형 가산명사도 무관사가 가능하다

가산명사의 가장 큰 특징은 단수형일 때 관사를 동반해야 한다는 것이죠. 그런데 단수형 가산명사가 ①-1과 같이 관사 없이 사용되는 경우도 있습니다.

①-1 Sam went to prison for robbing a bank.
   샘은 은행을 턴 죄로 징역을 살았다.

①-2 I went to the prison to see Sam.
   나는 샘을 면회하러 교도소에 갔다.

관사가 없는 prison은 교도소 건물이 아닌 '징역' 또는 '수감'을 뜻합니다. '교도소 건물'이라는 뜻으로 쓰려면 ①-2처럼 관사를 붙여야 하죠. 마찬가지로 bed, school, church, jail도 본래의 추상적인 목적을 나타낼 때는 ②처럼 관사 없이 사용됩니다.

②-1　We went to bed at nine.　우리는 9시에 잠자리에 들었다.

②-2　I'm 28, but I'm still in school.　나는 28살인데 아직 학생이다.

②-3　He goes to church every Sunday.　그는 매주 일요일 교회에 간다.

②-4　She was in jail for three days.　그녀는 구치소에 3일간 잡혀 있었다.

in hospital은 영국 영어에서만 쓴다

영국 영어에서는 in hospital이라는 표현을 쓰는데, 미국 영어에서는 관사를 생략하지 않고 ③-1처럼 in the hospital이라고 합니다. 병원 건물에 있다고 말하려면 ③-2처럼 전치사를 at으로 바꾸면 됩니다.

③-1　I'm in the hospital.　나 입원 중이야.

③-2　I'm at the hospital.　나 병원에 있어.

'by+교통·통신 수단'에는 관사를 쓰지 않는다

관사가 생략되는 또 다른 경우는 ④와 같이 by를 써서 교통·통신 수단을 나타낼 때입니다.

④-1　I went there by car / by train / by taxi / by airplane.
　　　나는 차 / 기차 / 택시 / 비행기로 그곳에 갔다.

④-2　You can send it by email / by fax.
　　　이메일 / 팩스로 보내도 돼.

교통·통신 수단을 나타내는 'by + 명사'는 동사로 변경하여 ⑤처럼 같은 의미를 나타낼 수 있는 경우가 많습니다.

⑤-1　I drove / flew there. = I went there by car / by airplane.

⑤-2　You can email / fax it. = You can send it by email / by fax.

동사로 대체하면 문장이 더 짧아지기 때문에 'by + 명사'보다 동사가 좀 더 자주 사용됩니다.

by+the+수량·시간 단위

주의해야 할 것은 by와 함께 수량·시간의 단위를 나타낼 때는 ⑥처럼 정관사를 써야 한다는 것이죠.

⑥-1 They sell their eggs only by the dozen / by the carton / by the pound. 그들은 계란을 다스 / 곽 / 파운드 단위로만 판다.

⑥-2 We get paid by the hour / by the week / by the month.
우리는 시급 / 주급 / 월급을 받는다.

밀접한 관계가 있는 명사가 함께 쓰였을 때는 관사를 생략할 수 있다

영화를 보면 결혼식 마지막에 ⑦-1과 같은 말이 나옵니다. 밀접한 관계가 있는 명사가 함께 쓰였을 때 관사를 생략하는 용법의 좋은 예입니다.

⑦-1 I now pronounce you man and wife.
이제 두 분을 부부로 선언합니다.

day and night(주야로, 끊임없이)처럼 서로 밀접한 관계가 있는 명사는 관사 없이 and로 묶일 수 있습니다. ⑦-2처럼 전치사로 묶일 수도 있는데, 이런 예가 훨씬 더 많습니다.

⑦-2 It was passed down from generation to generation.
이것은 대대로 물려졌다.

다른 예로는 side by side(나란히), step by step(점차적으로), hand in hand(손에 손을 잡고), face to face(얼굴을 맞대고), from door to door(집집마다), from father to son(대를 이어) 등이 있습니다.

이것만은 확실히!

1. 정관사는 종족대표를 나타내는 총칭적 의미로도 사용된다.
   - e.g. The wheel is the one of the most important inventions in history.

2. 고유명사도 a(n)과 함께 사용될 수 있고 복수형 고유명사는 항상 the를 동반한다.
   - e.g. We never had a Jaden in our office.
     I've never been to the Alps.

3. 본래의 추상적인 목적을 나타낼 때는 단수형 가산명사도 관사 없이 사용될 수 있다.
   - e.g. Sam went to prison for robbing a bank.

4. 'by + 교통·통신 수단' vs. 'by + the + 수량·시간 단위'
   - e.g. I went there by car. vs. We get paid by the hour.

5. 밀접한 관계가 있는 명사가 함께 쓰였을 때 관사를 생략할 수 있다.
   - e.g. It was passed down from generation to generation.

Grammar Upgrade

다음 두 문장은 모두 문법에 맞는 문장입니다. 그런데 왜 하나는 고유명사 앞에 the를 쓰고 다른 하나는 쓰지 않았을까요?

ⓐ I went to the Brentwood Country Club yesterday.
ⓑ I went to Brentwood Country Club yesterday.

Korea, Jaden과 같은 단수형 고유명사는 기본적으로 the를 필요로 하지 않습니다. 고유명사는 그 자체로 이미 특정한 명사이므로 불특정한 명사를 특정한 명사로 만들어 주는 the가 필요하지 않은 것이죠. 고유명사는 물질·추상명사처럼 부정관사도 필요로 하지 않습니다. 이렇게 아무 관사도 사용되지 않은 것을 무관사가 쓰였다고도 하죠.

그런데 고유명사의 무관사는 물질·추상명사의 무관사와는 다른 종류의 무관사입니다. 물질·추상명사와 달리 고유명사는 특정명사이기 때문이죠. 따라서 물질·추상명사의 무관사는 부정관사보다 더 불특정한 관사이고, 고유명사의 무관사는 정관사보다 더 특정한 관사라고 할 수 있습니다.[60]

다시 말하면 관사가 없는 고유명사는 the가 있는 고유명사보다 더 친숙하게 느껴진다는 뜻이 됩니다.[61] Brentwood Country Club은 UCLA근처에 있는 멤버 전용 골프장입니다. 이 클럽의 멤버들은 Brentwood Country Club이라는 이름에 친숙하므로 the를 사용하지 않겠죠.[62]

Grammar Upgrade

친숙함의 정도로 the의 사용 여부가 결정되는 것의 예는 아주 많습니다. 철도가 처음 생겼을 때는 모든 역명에 the가 쓰였지만 역명이 친숙해진 이후로는 the를 사용하지 않게 되었습니다.[63] 대표적 SNS인 페이스북도 처음에는 Thefacebook이었지만 나중에는 facebook이 되었죠.

1939년에 만화책 등장인물로 처음 탄생한 배트맨은 the Batman으로 불렸습니다. 하지만 이제는 그냥 Batman으로 불리죠. 2005년에 새롭게 시작한 배트맨 시리즈의 첫 영화 제목도 〈*Batman Begins*〉였습니다.

하지만 Batman의 별명인 the Dark Knight는 친숙도가 떨어지므로 아직도 the를 사용합니다. 2008년 후속편 제목도 〈*The Dark Knight*〉였고 2012년 후속편 제목도 〈*The Dark Knight Rises*〉였죠.

Lesson 21

관계대명사와 형용사절
Relative Pronouns & Adjective Clauses

> **이런 말, 영어로 할 수 있나요?**
> ⓐ 이 사람이 세계 기록을 깬 남자다.
> ⓑ 이것이 내가 지난주에 읽은 책이다.
> ⓒ 그녀가 내가 어제 너에게 말해 주었던 사람이야.
> ⓓ 그녀는 어제 나에게 전혀 전화를 하지 않았는데, 그건 정말 이상해.
> ⓔ 필요한 것보다 많은 단어를 사용하지 마라.
>
> 정답 ⓐ는 A의 ①-2번, ⓑ는 ②-2번, ⓒ는 B의 ③-4번,
> ⓓ는 C의 ③-2번, ⓔ는 D의 ①-1번 문장을 보세요.

A 관계대명사의 종류

관계대명사로 두 개의 단문을 하나의 복문으로 만들 수 있다

관계대명사는 두 문장을 연결할 때(관계를 맺어줄 때) 쓰는 대명사입니다. 관계대명사를 쓰면 ①처럼 두 개의 단문을 연결하여 하나의 복문으로 만들 수 있죠.

①-1 This is the man. + He broke the world record. [두 개의 단문]
　　　　　　　사람

①-2 This is the man who broke the world record. [하나의 복문]
　　　　　　　선행사　관계대명사
　　이 사람이 세계 기록을 깬 남자다.

관계대명사는 선행사와 격에 따라 변한다

선행사란 '먼저 가는 명사'라는 뜻이고 관계대명사가 이끄는 절의 꾸밈을 받는 명사를 일컫는 말입니다. ①에서는 선행사가 the man이기 때문에 두 번째 문장의 주어인 He를 who, 즉 선행사가 사람일 때 쓰는 관계대명사로 바꾼 것이죠. 관계대명사는 아래 표와 같이 선행사와 격에 따라 변합니다.

〈관계대명사의 종류〉

선행사	주격 · 목적격	소유격
사람	who *	whose
사물, 동물	which	whose **
사람, 사물, 동물	that	whose

* 목적격으로 whom도 가능 || ** of which도 가능

**what =
명사절을 이끄는
자유 관계대명사**

who, which, that은 형용사절을 이끄는 관계대명사입니다. 그리고 많은 문법책들에서 what을 두고 '선행사가 필요 없는 관계대명사'라고 설명을 하죠. 정확히 말하자면 what과 같이 선행사가 필요 없는 관계대명사는 자유 관계대명사free relative pronoun라고 합니다.[64]

복합 관계대명사라고 불리는 whoever, whichever, whatever도 모두 자유 관계대명사죠. 자유 관계대명사와 관계대명사를 구분하는 이유는 관계사절은 선행사를 꾸며 주는 형용사절 역할을 하지만 자유 관계사절은 명사절 역할을 하기 때문입니다. (〈Lesson 22: 명사절〉 참고)

주격 관계대명사와 달리 목적격 관계대명사는 생략이 가능하다

목적격 관계대명사가 들어간 문장은 주격 관계대명사보다 좀 더 복잡합니다. ②처럼 목적어 it을 관계대명사 that으로 바꾼 뒤 원래 위치가 아닌 형용사절의 처음 부분으로 옮겨야 합니다. 그리고 중요한 것은 it을 다시 반복하지 않는다는 것입니다.

②-1 This is the book. + I read it last weekend.
         사물

②-2 This is the book that I read ø last weekend.
                        선행사 목적격
이것이 내가 지난주에 읽은 책이다.

주격 관계대명사와 달리 목적격 관계대명사는 ②-3처럼 생략이 가능합니다. 구어체에서는 주로 생략되죠.

②-3 This is the book ø I read last weekend.
            목적격
      (*the man ø broke the world record)
             주격

the book은 사물이기 때문에 that 대신 which를 사용할 수도 있습니다. 하지만 which는 문어체에서 주로 사용되기 때문에 ②-4는 문법에는 맞지만 구어체에는 어울리지 않는 문장입니다.

②-4 This is the book which I read last weekend.

B Whom과 Whose

구어체에서는 who가 whom을 대신한다

구어체에 사용되지 않는 또 다른 관계대명사는 whom입니다. ①-1의 him을 대체하는 관계대명사는 whom이죠.

①-1 He is the professor. + I saw him on TV.
              사람

①-2 He is the professor whom I saw ø on TV.
              선행사   목적격
     그가 내가 TV에서 본 교수님이시다.

그러나 말할 때는 ①-2처럼 하지 않고 주로 ①-3처럼 who를 목적격으로 사용하거나 ①-4와 같이 아예 생략을 해버립니다.

①-3 He is the professor <u>who</u> I saw ø on TV.
          목적격

①-4 He is the professor ø I saw ø on TV.

whom은 의문대명사로도 잘 쓰이지 않습니다. ②-1보다 ②-2가 문법적으로 더 정확한 문장이라고 할 수는 있지만, 구어체에서는 주로 who를 사용하죠.

②-1 <u>Who</u> do you like the most? 너는 <u>누구를</u> 제일 좋아해?

②-2 <u>Whom</u> do you like the most? 너는 <u>누구를</u> 제일 좋아해?

whom이 전치사의 목적어로 쓰일 때는 who를 쓸 수 없다

반면 ③-2처럼 whom이 **전치사의 목적어로 쓰일 때는 who를 쓸 수 없습니다**.

③-1 She is <u>the one</u>. + I told you <u>about her</u> yesterday.

③-2 She is the one about <u>whom</u> I told you yesterday.
                    about *who
      그녀가 내가 어제 너에게 말해 주었던 사람이야.

하지만 자연스러운 구어체가 되려면 ③-3처럼 about은 원래 자리에 두고 who 또는 that을 사용하거나 ③-4처럼 목적격 관계대명사를 아예 생략해야 합니다.

③-3 She is the one <u>who / that</u> I told you <u>about</u> yesterday.

③-4 She is the one ø I told you <u>about</u> yesterday.

whose를 모든 관계대명사의 소유격으로 쓴다

같은 형태의 관계대명사를 사용해도 되는 주격·목적격과 달리 소유격은 ④처럼 별도의 관계대명사 whose를 씁니다. which와 that은 소유격이 없기 때문에 **whose를 모든 관계대명사의 소유격으로 사용합니다**.

④-1 This is the student. + You liked his drawing.
　　　　　　　　사람

④-2 This is the student whose drawing you liked.
　　　　　　　　　선행사　　　소유격
　　　이 애가 네가 좋아한 그림의 그 학생(그림을 그린 학생)이다.

of which 소유격도 가능하지만 구어체에는 어울리지 않는다

⑤-1처럼 선행사가 사물일 때도 whose를 씁니다.

⑤-1　I found an old coin whose date has become worn and illegible. 나는 날짜가 닳아서 읽기 어려워진 오랜 동전을 하나 발견하였다.

whose를 사용하지 않으면 ⑤-2처럼 of which를 써야 하는데, 그러면 구어체에서는 매우 어색한 문장이 됩니다.[65]

⑤-2　I found an old coin the date of which has become worn and illegible.

관계대명사 that은 which와 달리 전치사와 함께 쓸 수 없기 때문에 of that은 불가능합니다. 그래서 관계대명사 that은 소유격이 없다고들 하죠.

C　Which와 That

which는 한정용법과 계속용법에, that은 한정용법에만 쓸 수 있다

which와 that의 또 다른 차이점은 which는 한정용법과 계속용법에 모두 쓸 수 있지만, that은 계속용법에는 쓸 수 없다는 것입니다. 예를 들어, Isaiah's grammar class라고 하면 특정한(Isaiah의) 문법 수업을 가리키므로 더 이상 한정될 수 없습니다. 그러므로 형용사절은

①-2처럼 계속용법이 되어야 하죠. 계속용법에는 which를 사용하고 which 앞에 쉼표를 찍습니다.

①-1 I didn't like Isaiah's grammar class. + I had to take it in order to graduate.
<u>Isaiah's grammar class</u>: 더 이상 한정될 수 없는 명사

①-2 I didn't like Isaiah's grammar class, which / *that I had to take in order to graduate.
계속용법
나는 Isaiah의 문법 수업을 좋아하지 않았는데, 그 수업은 내가 졸업하기 위해 꼭 들어야 했다.

만약 문법 수업을 여러 개 들었고 그중 '지난 학기에 들었던 문법 수업을 싫어했다.'라고 하려면 ②와 같이 한정용법을 써야 합니다.

② I didn't like the grammar class that/which/ø I took last semester.
한정용법

형용사절이 the grammar class의 의미를 여러 개의 문법 수업 중에서 특정한 하나의 수업으로 한정해 주기 때문이죠. 한정용법에는 쉼표를 사용하지 않습니다.

> **계속용법의 which는 앞 문장 전체를 선행사로 받을 수도 있다**

다른 관계대명사와 달리 **계속용법으로 사용된 which**는 ③처럼 앞 문장 전체를 선행사로 받을 수도 있습니다. (형용사절의 계속용법과 한정용법에 대한 자세한 내용은 〈Writing 절대 매뉴얼-입문편〉의 〈Lesson 4: 쉼표 중 pp. 55~61〉을 참고)

③-1 She didn't call me at all yesterday. + That is very strange.
문장 전체

③-2 She didn't call me at all yesterday, which is very strange.
선행사   계속용법
그녀는 어제 나에게 전혀 전화를 하지 않았는데, 그건 정말 이상해.

두 개의 형용사절이 연달아 쓰일 수도 있고 선행사/형용사절 분리도 가능하다

형용사절에 대해 마지막으로 알아야 할 것은 ④처럼 두 개의 형용사절이 연달아 사용될 수도 있고, ⑤처럼 선행사와 형용사절이 분리될 수도 있다는 것입니다.

④ <u>The note</u> <u>we call A</u> <u>that is in the middle of the piano keyboard</u> has been fixed to have a frequency of 440 Hz.[66]
　　선행사　　　첫 번째　　　　　　두 번째 형용사절
우리가 A라고 부르는 피아노 건반의 중앙에 있는 음표는 440Hz의 진동수를 갖도록 고정되어 있다.

⑤ Another piece of <u>evidence</u> is needed <u>that clearly supports the argument presented in this article</u>.
　　　　　　　　　　선행사　　　　　　　　　형용사절
이 논문에 제시된 주장을 확실히 뒷받침하는 또 하나의 증거가 필요하다.

⑤에서 형용사절을 문장 끝으로 보낸 이유는 주어가 가벼워야(= 짧아야) 문장이 쉽게 이해되기 때문입니다. 〈Lesson 25: A. 무거운 명사 이동〉 참조)

유사 관계대명사 than, as, but

than, as, but은 관계대명사처럼 쓰일 수 있다

관계대명사는 아닌데 관계대명사 같이 행동하는 것을 유사 관계대명사라고 합니다. ①-1, ②-1, ③-1은 많은 문법책에서 세 가지의 유사 관계대명사에 대해 설명할 때 자주 사용되는 예문들이죠. than, as, but은 모두 주격 관계대명사로 사용되었습니다.

①-1 Don't use more words than are necessary.
　　　필요한 것보다 많은 단어를 사용하지 마라.

②-1　As many guests <u>as</u> came were given presents.
　　　　온 손님 모두가 선물을 받았다.

③-1　There is no rule <u>but</u> has exceptions.
　　　　예외가 없는 규칙은 없다.

than은 유사 관계대명사보다 전치사로 더 자주 쓰인다

세 문장 모두 문법적으로는 맞는 문장이지만 than → as → but 순으로 갈수록 문장이 어색해집니다. than은 요즘 영어에서도 유사 관계대명사로 사용되긴 하지만 ①-2와 같이 전치사로 더 자주 사용됩니다.

①-2　Don't use more words <u>than</u> necessary.

'필요한 것보다 많은 단어를 사용하지 마라.'라고 해놓고 자기가 불필요한 동사 are를 포함하고 있기 때문이죠. '뒤에 형용사가 오는데 than은 전치사인가?'라고 생각하는 학생들도 많겠지만 실제로 ①-3처럼 전치사 than 뒤에 형용사가 쓰이는 경우도 많습니다. (〈Lesson 23: 전치사〉 참고)

①-3　They arrived earlier <u>than</u> usual.[67] 그들은 평상시보다 일찍 도착했다.

As... as ~ 대신 All... that ~을 쓴다

요즘은 ②-1 같은 문장을 쓰지 않습니다. 대신 ②-2처럼 <u>All... that ~</u>을 사용하죠.

②-2　<u>All</u> the guests <u>that</u> came were given presents.

as가 유사 관계대명사로 쓰일 때는 문장 전체를 받는 which와 비슷한 역할을 한다

<u>as가 유사 관계대명사로 쓰이는 경우</u>는 보통 ②-3처럼 문장 전체를 받는 which와 비슷한 역할을 할 때입니다.

②-3　He was late again, <u>as</u> is often the case.
　　　　그는 또 늦었다. 흔히 있는 일이지만.

관계대명사 which와 다른 점은 유사 관계대명사 as는 ②-4처럼 꾸며 주는 문장 앞에 올 수도 있다는 것이죠.

②-4　As is well known, life is full of surprises.
　　　　잘 알려져 있다시피, 인생은 뜻밖의 일로 가득 차 있다.

현대 영어에서는 but을 유사 관계대명사로 사용하지 않는다

but을 유사 관계대명사로 사용한 ③-1은 원어민들도 거의 모두 비문이라고 생각합니다. ③-2와 같이 but을 that ... not으로 바꿔서 말해야만 알아듣죠.

③-2　There is no rule that does not have exceptions.

③-2는 간단하게 ③-3처럼 표현할 수도 있습니다.

③-3　Every rule has exceptions.　모든 규칙은 예외가 있다.

그런데 곰곰이 생각해보면 ③-1, ③-2, ③-3 모두 모순이 되는 말입니다. '모든 규칙은 예외가 있다.'라는 문장 자체를 규칙으로 보면 이 규칙에도 예외가 있다는 말이 됩니다. 그러면 예외가 없는 규칙이 있다는 말이 되는데 그건 ③과는 모순이 되는 말이죠.

 이것만은 확실히!

1. 관계대명사를 사용하여 두 개의 단문을 하나의 복문으로 만들 수 있다.
   - e.g. This is the man. + He broke the world record.
   = This is the man who broke the world record.
      선행사   관계대명사

2. 주격 관계대명사와 달리 목적격 관계대명사는 생략이 가능하다.
   - e.g. This is the book ø I read last weekend.

3. whose를 모든 관계대명사의 소유격으로 사용한다.
   - e.g. I found an old coin whose date has become worn and illegible.

4. which는 한정용법과 계속용법에 모두 사용될 수 있지만 that은 계속용법에는 사용될 수 없다.
   - e.g. I didn't like Isaiah's grammar class, which / *that I had to take in order to graduate.

5. than은 유사 관계대명사보다 전치사로 더 자주 사용된다.
   - e.g. Don't use more words than are necessary. → than necessary

6. as가 유사 관계대명사로 쓰일 때는 문장 전체를 받는 which와 비슷한 역할을 한다.
   - e.g. He was late again, as is often the case.

Grammar Upgrade

다음 중 형용사절을 포함하고 있지 않은 문장은 무엇일까요?

ⓐ I've never met the person that you're telling me about.
네가 나에게 말해 주는 사람을 나는 결코 만난 적이 없다.

ⓑ I don't agree with the argument that there is meaning in life.
나는 인생에 의미가 있다는 주장에 동의하지 않는다.

ⓐ와 ⓑ의 that절은 비슷해 보이지만 중요한 차이점이 있습니다. ⓐ의 that 이하 you're telling me about은 완전한 문장이 아니지만 ⓑ의 that 이하 there is meaning in life는 완전한 문장이라는 것입니다.

형용사절에는 관계대명사로 대체된 명사나 대명사가 있으므로 관계대명사를 제외하면 완전한 문장이 될 수 없습니다. 그러면 ⓐ의 that절이 형용사절이 되겠죠.

ⓐ-1 I've never met the person. You're telling me about him.

ⓐ-2 I've never met the person that you're telling me about ø.

그럼 ⓑ의 that절은 어떤 절일까요? 형용사절은 아니므로 부사절 또는 명사절일 텐데, that there is meaning in life가 독립절 전체를 꾸며 주는 부사절 역할을 하는 것은 아니므로 명사절이 될 수밖에 없겠죠.

정확히 말하면 that there is meaning in life는 the argument와 동일한 것을 지칭하기 때문에 이런 명사절은 동격명사절이라고 합니다. (〈Lesson 22: C. Whether, It, That〉 참고)

Lesson 22

명사절과 부사절
Noun & Adverb Clauses

이런 말, 영어로 할 수 있나요?
ⓐ 나는 우리가 만난 곳을 기억한다.
ⓑ 네가 무엇을 하더라도 나는 괜찮다.
ⓒ 나는 네가 이걸 좋아하건 말건 신경 쓰지 않는다.
ⓓ 난 네가 지금 건강해서 기뻐.

정답 ⓐ는 A의 ①-3번, ⓑ는 B의 ①-3번, ⓒ는 C의 ①-1번.
ⓓ는 ③-2번 문장을 보세요.

A 관계부사와 What

관계부사 where, when, why는 형용사절과 명사절을 이끈다

관계부사 where, when, why는 형용사절과 명사절의 차이를 잘 보여줍니다. ①-2처럼 형용사절을 이끌 수도 있고 ①-3처럼 선행사를 생략하여 명사절을 이끌 수도 있기 때문이죠.

①-1 I remember the place. + We met there (= at that place).

①-2 I remember the place <u>where</u> we met ø.
　　　　　　　　　<u>선행사</u>　<u>관계부사</u>
　　나는 <u>우리가 만난</u> 장소를 기억한다.
　　　　　<u>형용사절</u>

①-3 I remember <u>where we met</u>. 나는 우리가 만난 곳을 기억한다.
　　　　　　　<u>자유 관계사절</u>　＝　<u>명사절</u>

형용사절의 선행사를 생략하면 명사절이 된다

선행사를 생략한 관계사절은 자유 관계사절free relative clause이고 모든 자유 관계사절은 명사절 역할을 합니다. where와 마찬가지로 when과 why도 ②처럼 형용사절을 이끌 수도 있고, 선행사를 생략한 명사절을 이끌 수도 있습니다.

② I also remember (the time) when we met, but I don't remember (the reason) why we met.
나는 우리가 언제 만났는지도 기억이 나는데 왜 만났는지는 기억이 안 난다.

how는 명사절만 이끌 수 있다

where, when, why와 달리 how는 형용사절을 이끌지 못하고 ③-2와 같이 선행사를 생략한 명사절만 이끌 수 있습니다.

③-1 *I don't like the way how he handled the situation.

③-2 I don't like how he handled the situation.
　　　　　　　자유 관계사절 = 명사절
나는 그가 그 상황을 처리한 방법을 좋아하지 않는다.

what도 명사절만 이끌 수 있다

'자유 관계대명사'인 what도 ④와 같이 선행사를 생략한 명사절만 이끌 수 있습니다. ('자유 관계대명사'에 대한 설명은 〈Lesson 21: A. 관계대명사의 종류〉 참고)

④ I like what I do. 나는 내가 하는 일을 좋아한다.
　　　자유 관계사절 ＝ 명사절

관계대명사 중에서는 who만 ⑤와 같이 선행사를 생략한 명사절을 이끌 수 있습니다.

⑤ Who you become depends on what you read.
　　= the person that/who　　　　　= the thing that/which
　　　　명사절　　　　　　　　　　　　명사절
어떤 사람이 될지는 무엇을 읽느냐에 달려 있다.

관계대명사와 관계부사가 각각 이끌 수 있는 절을 표로 정리하면 다음과 같습니다.

〈관계대명사와 관계부사〉

관계대명사	자유 관계대명사	관계부사	자유 관계부사
who, which, that	what	where, when, why	how
형용사절	명사절 (선행사 없음)	형용사절 또는 명사절	명사절 (선행사 없음)

> what과 같이 how도 명사절만 이끌 수 있으므로 '자유 관계부사'가 됩니다.

B 복합 관계사

복합 관계대명사는 명사절을 이끌 수 있다

whoever, wherever와 같이 관계사와 ever가 합쳐진 것을 복합 관계사라고 합니다. 위의 표에서 that과 why를 제외한 모든 관계사는 ever와 결합할 수 있습니다. what과 마찬가지로 복합 관계대명사 whoever, whichever, whatever는 ①처럼 선행사 없이 명사절을 유도합니다.

①-1 Whoever did this is my hero.
　　　= Anyone who
　　누가 이것을 했든지 나의 영웅이다.

①-2 You can pick whichever you like.
　　　　　　　　= any one of them that
　　네가 좋아하는 어떤 것이든 골라도 된다.

①-3 Whatever you do is fine with me.
　　　= Anything that
　　네가 무엇을 하더라도 나는 괜찮다.

> whichever는 특정한 둘 또는 특정한 여러 개 중에 하나를 뜻하고, whatever는 불특정한 모든 것을 뜻합니다.

복합 관계대명사는 부사절도 이끌 수 있다

복합 관계대명사는 ②와 같이 no matter(~하든지, ~한다 할지라도)의 뜻을 가진 부사절을 이끌 수도 있습니다.

②-1 <u>Whatever you do</u>, don't tell anyone.
　　　= No matter what
　　무엇을 하든지, 누구에게도 말하지 마.

②-2 <u>Whichever you pick</u>, you'll like it.
　　　= No matter which
　　어떤 것을 고르든지, 너는 좋아할 거야.

②-3 <u>Whoever did this</u>, he knows us.
　　　= No matter who
　　누가 이 짓을 했든지, 그는 우리를 알고 있어.

복합 관계부사도 명사절과 부사절을 이끌 수 있다

복합 관계대명사와 마찬가지로 복합 관계부사 wherever, whenever, however도 명사절과 부사절을 이끌 수 있습니다. ③의 밑줄 친 부분은 모두 pick의 목적어이므로 명사절입니다.

③-1 You can pick <u>wherever you want to go</u>.
　　어디를 가고 싶든지 네가 고를 수 있다.

③-2 You can pick <u>whenever you want to go</u>.
　　언제 가고 싶든지 네가 고를 수 있다.

③-3 You can pick <u>however you want to go</u>.
　　어떻게 가고 싶든지 네가 고를 수 있다.

반면에 ④의 밑줄 친 부분은 모두 부사의 역할을 하므로 부사절입니다.

④-1 <u>Wherever you go</u>, it doesn't matter. 네가 어디를 가든지, 그건 상관없다.

④-2 <u>Whenever you come</u>, it doesn't matter. 네가 언제 오든지, 그건 상관없다.

④-3 <u>However you do it</u>, it doesn't matter. 네가 어떻게 하든지, 그건 상관없다.

wherever와 whenever 명사절은 주어로 사용되지 않는다

④의 밑줄 친 부분을 모두 ⑤처럼 주어(=명사절)로 사용해도 될 것 같은데, ⑤-3과 달리 ⑤-1과 ⑤-2는 좀 어색한 문장이 됩니다.

⑤-1 [?]<u>Wherever you go</u> doesn't matter. 네가 어디를 가든지 상관없다.

⑤-2 [?]<u>Whenever you come</u> doesn't matter. 네가 언제 오든지 상관없다.

⑤-3 <u>However you do it</u> doesn't matter. 네가 어떻게 하든지 상관없다.

C Whether, If, That

whether와 if는 명사절에서는 뜻이 같고, 부사절에서는 뜻이 달라진다

명사절과 부사절을 모두 이끄는 종속접속사로는 whether와 if가 있습니다. ①-1과 같은 명사절에서는 whether가 if로 대체될 수 있지만 ①-2와 같은 부사절에서는 whether와 if의 뜻이 달라지므로 서로 대체가 불가능합니다. 〈Lesson 11: 조건문〉 참고)

①-1 I don't care <u>whether you like it or not</u>.
= if 명사절 (목적어)
나는 네가 이걸 좋아하건 말건 신경 쓰지 않는다.

①-2 <u>Whether you like it or not</u>, I'm coming for you.
≠ If 부사절
네가 좋건 싫건, 나는 너를 잡으러 간다.

if와 달리 whether는 주어와 전치사의 목적어로도 쓸 수 있다

하지만 명사절을 이끄는 whether와 if가 똑같은 것은 아닙니다. ②처럼 whether는 주어 자리에도 쓸 수 있고 전치사의 목적어로 쓸 수도 있지만 if는 그렇지 못하죠.

②-1 <u>Whether(*If) we leave or stay</u> is my wife's decision.
우리가 남을지 갈지는 내 아내의 결정이다.

②-2 The question of <u>whether(*If) I can go to the party</u> depends on <u>whether(*If) my wife wants to come along</u>.
내가 파티에 갈 수 있을지 없을지의 문제는 내 아내가 같이 가고 싶어 하는지의 여부에 달려 있다.

that은 명사절을 이끄는 종속접속사로도 쓰인다

가장 특이한 명사절은 that 명사절입니다. 명사가 사용되지 않을 것 같은 곳에서도 명사절로 사용되기 때문이죠.

③-1 Mom said (that) you were sick. 엄마가 너 아팠다고 했어.
   동사   목적어

③-2 I'm happy (that) you're well now. 난 네가 지금 건강해서 기뻐.
   형용사   생략된 전치사의 목적어

③-3 She was shocked at the fact (that) I was still living with my parents.
　　　　　　　　　　　　　　　　명사　　　　　　　　　　　　동격명사절
내가 아직 부모님과 함께 살고 있었다는 사실에 그녀는 충격을 받았다.

③-1과 같이 타동사 뒤에 목적어로 사용되는 명사절은 별 문제가 없습니다. 타동사 뒤에 명사가 목적어로 사용되는 것은 당연하기 때문이죠.

형용사 뒤에 that명사절이 오면 전치사를 생략한다

그런데 ③-2와 같이 형용사 뒤에 사용된 명사절은 얼핏 보면 좀 이상합니다. ④-1처럼 happy 뒤에 전치사 about을 사용하지 않고 바로 명사나 대명사를 쓸 수는 없기 때문이죠.

④-1 I'm happy about that.　　　*I'm happy that.
　　　나는 그것에 대해 기뻐.

마찬가지로 ④-2처럼 happy 뒤에 wh-명사절이 오면 about을 사용해야 합니다.

④-2 I'm happy about what happened.
　　　나는 일어난 일에 대해 기뻐.

하지만 형용사 뒤에 that명사절이 오면 전치사를 꼭 생략해야 합니다. ③-2에서도 happy 뒤에 that명사절이 왔으므로 전치사 about이 생략된 것이죠.

that명사절은 동격명사절로도 쓰인다

215쪽에서 설명한 바와 같이 ③-3의 that명사절은 동격명사절입니다. ⑤의 the movie *Iron Man*처럼 the fact와 that명사절이 동일한 것을 지칭하기 때문입니다.

⑤ I saw the movie *Iron Man*.　나는 영화 〈아이언 맨〉을 봤다.
　　　　　　명사　　=　명사(동격)

that명사절에 대해 마지막으로 알아야 할 것은 ③-1, ③-2, ③-3에서 모두 that을 생략할 수 있다는 것입니다. 특히 일상 대화에서 동사와 형용사 뒤에 사용된 that은 주로 생략됩니다.[68]

이것만은 확실히!

1. 관계부사 where, when, why는 형용사절과 명사절을 이끈다.
   - e.g. I remember (the place) where we met.

2. how와 what은 명사절만 이끌 수 있다.
   - e.g. I don't like how he handled the situation.
     I like what I do.

3. 복합 관계대명사는 명사절과 부사절을 이끌 수 있다.
   - e.g. Whatever you do is fine with me. 〔명사절〕
     Whatever you do, don't tell anyone. 〔부사절〕

4. whether와 if는 명사절에서는 뜻이 같고, 부사절에서는 뜻이 달라진다.
   - e.g. I don't care whether you like it or not.
     = If명사절
     Whether you like it or not, I'm coming for you.
     ≠ If명사절

5. 형용사 뒤에 that명사절이 오면 전치사를 생략한다.
   - e.g. I'm happy ø that you're well now.

6. that명사절은 동격명사절로도 사용된다.
   - e.g. She was shocked at the fact that I was still living with my parents.

다음 문장에 사용된 what은 무엇일까요?

ⓐ We ate what food we had on the trees.[69]
우리는 나무들 위에 있는 모든 먹을 것을 먹었다.

ⓐ는 다음 두 문장이 합쳐진 것이라고 볼 수 있습니다.

ⓑ We ate the food. + We had it on the trees.

= We ate the food that we had ø on the trees.

= We ate what food we had on the trees.

what은 한정사 the와 관계대명사 that이 합쳐진 것이므로 관계한정사라고 할 수 있습니다. (다른 문법책들에서는 관계형용사라고 하는데 관사는 한정사이므로 관계형용사는 정확한 명칭이 아닙니다.) what과 마찬가지로 whatever도 ⓒ와 같이 관계한정사로 쓰일 수 있습니다.

ⓒ We ate whatever food we had on the trees.

약간의 뉘앙스 차이는 있지만 ⓐ와 ⓒ는 같은 뜻을 가지고 있다고 할 수 있습니다. 그런데 요즘에는 ⓐ와 같이 관계한정사 what을 명사 앞에 직접 쓰는 경우는 많지 않습니다. 주로 ⓓ처럼 little과 함께 사용하죠.

ⓓ We ate what little food we had on the trees.
적지만 우리는 나무에 있는 모든 먹을 것을 먹었다.

Lesson 23

전치사
Prepositions

이런 말, 영어로 할 수 있나요?

ⓐ 나는 최근까지 파리에 살았다.
ⓑ 그 고양이는 책상 밑에서 나왔다.
ⓒ 나는 이번 달에 아주 바빴어.
ⓓ 나는 그녀를 버클리 대학에서 만났다.
ⓔ 나는 내 아이들이 자랑스럽다.

> **정답** ⓐ는 A의 ②-1번, ⓑ는 ⑤-2번, ⓒ는 B의 ②-2번,
> ⓓ는 C의 ③-1번, ⓔ는 D의 ⑦-1번 문장을 보세요.

전치사의 쓰임과 종류

전치사는 명사 또는 대명사 앞에 쓰인다

영어에서 목적어를 취할 수 있는 것은 타동사와 전치사 외엔 없습니다. 전치사란 '앞에 위치한 단어'라는 뜻인데 ①과 같이 목적어 역할을 하는 명사 또는 대명사 앞에 오기 때문에 붙여진 이름입니다.

① I went to <u>Australia</u> with <u>them</u>. 나는 그들과 호주에 갔다.
　　　　　명사　　　　대명사

전치사는 목적어로 부사, 형용사, 과거분사도 취할 수 있다

명사 또는 명사에 상당하는 단어, 구, 절만을 목적어로 취하는 타동사와 달리 전치사는 ②, ③, ④와 같이 부사, 형용사, 과거분사도 목적어로 취할 수 있습니다.

②-1 I lived in Paris until <u>recently</u>.
　　　　　　　　　　　　　　부사
　　　나는 최근까지 파리에 살았다.

②-2 We heard a shout from <u>below</u>.
　　　　　　　　　　　　　　부사
　　　우리는 밑에서부터 나는 고함소리를 들었다.

③ My mood went from **sad** to **happy**.
　　　　　　　　　　형용사　　형용사

내 기분은 슬픔에서 기쁨으로 바뀌었다.

④-1 Ji-Sung Park is far from **finished**.
　　　　　　　　　　　　　　　과거분사

박지성은 끝나려면 아직 멀었다.

④-2 Don't take her love for **granted**.
　　　　　　　　　　　　　　과거분사

그녀의 사랑을 당연한 것으로 여기지 마라.

두 개의 전치사가 함께 사용되기도 한다

전치사는 하나만 사용하는 것이 원칙이지만 가끔은 ⑤처럼 두 개의 전치사를 함께 사용하기도 합니다.

⑤-1 The noise came from behind her.

그 소리는 그녀의 뒤에서 나왔다.

⑤-2 The cat came out from under the desk.

그 고양이는 책상 밑에서 나왔다.

⑤-3 I couldn't fall asleep until after midnight.

난 자정이 넘어서까지 잠들 수 없었다.

⑤-4 Max Weber is often cited as among the three founding creators of sociology.

막스 베버는 사회학을 창조한 세 명 중의 하나로 흔히 거론된다.

전치사의 가장 기본적인 개념은 시간과 위치입니다. 특히 at, in, on 은 시간과 위치를 모두 나타내 주는 전치사이므로 용법을 잘 익혀두어야 하죠.

그 외 방향, 원인, 수단 등을 나타내는 많은 전치사가 있지만 of를 제외한 다른 전치사들은 대체로 뜻이 명확하므로 따로 공부할 필요는 없습니다.

시간을 나타내는 At, In, On

시간을 나타내는 at, in, on은 단어 의 의미로는 용법 을 구분할 수 없다

시간을 나타내는 at, in, on은 단어의 의미로는 용법을 명확하게 구분하기 어렵기 때문에 각각 어떤 명사와 쓰이는지를 잘 알아 두어야 합니다.

〈시간을 나타내는 at, in, on〉

at	정오, 밤 정확한 시각	**at** noon, **at** night **at** 2:30
in	오전, 오후 월, 계절 연도, 세기	**in** the morning, **in** the afternoon **in** June, **in** spring **in** 2014, **in** the 20th century
on	특정한 날 요일 특정한 날 오전, 오후, 밤	**on** Valentine's Day **on** Monday **on** Sunday afternoon, **on** Friday night

요일 앞에 쓰인 on과 기간을 나타내는 for는 선택적 생략이 가능하다

다른 종류의 전치사와 달리 시간을 나타내는 전치사는 생략이 가능한 경우가 세 가지 있습니다.[70] ①처럼 요일 앞에 쓰인 on과 기간을 나타내는 for는 선택적으로 생략이 가능합니다.

①-1 I'll see you (on) Friday. 금요일에 보자.

①-2 I've lived in Korea (for) 10 years. 나는 한국에 10년 동안 살았다.

시간 지시어, 시간 표현 명사+all, every 같은 경우의 전치사 생략

반면, ②와 같이 last Sunday, this month, next year 등의 **시간 지시어가 사용되었을 때는 전치사를 꼭 생략해야 합니다.** (시간 지시어에 대한 자세한 설명은 〈Lesson 14: 간접화법과 시간 지시어〉 참고)

②-1 I saw her last Sunday / *on last Sunday.
        나는 그녀를 지난 토요일에 봤어.

②-2   I've been very busy this month / *in this month.
　　　　나는 이번 달에 아주 바빴어.

③처럼 시간을 나타내는 명사가 all 또는 every와 함께 쓰였을 때도 전치사를 꼭 생략해야 합니다.

③-1   It's been raining all year / *for all year.
　　　　일 년 내내 비가 오고 있어.

③-2   I don't know what he does every day / *on every day.
　　　　나는 걔가 매일 뭐하는지 모르겠어.

C 위치를 나타내는 At, In, On

on은 '~위에'보다 '~에 닿아 있는', '~에 붙어 있는'으로 이해한다

위치를 나타내는 at, in, on을 단순히 '~에', '~안에', '~위에'로 외우는 것에는 많은 문제가 있습니다. 우선 on은 '~위에'보다는 '~에 닿아 있는', '~에 붙어 있는'으로 이해해야 합니다. ①에서 on은 wallet과 spider가 각각 desk와 wall에 닿아 있거나 붙어 있다는 것을 나타내 주고 있죠.

①-1   Your wallet is on the desk. 네 지갑은 책상 위에 있어

①-2   There's a spider on the wall. 벽에 거미 한 마리가 있어.

on의 이런 기본적인 뜻을 은유적으로 사용할 수도 있습니다. "내가 쏠게."를 영어로는 ②-1처럼 간단히 on me로 말합니다. ②-2에서 house는 음식점을 뜻하므로 on the house라고 하면 '음식점이 낸다', 즉 무료라는 뜻이 되죠.

227

②-1 **Lunch's on me.** 점심은 내가 쏠게.

②-2 **The drinks are on the house.** 마실 것(술)은 무료예요.

대학명 앞에는 at을 쓰고, 도시명 앞에는 in을 쓴다

저의 모교인 버클리대학교는 미국 캘리포니아 주 City of Berkeley에 있습니다. 이렇게 대학명과 도시명이 같을 때는 전치사가 아주 중요한 역할을 하죠. ③-1처럼 대학명 앞에는 at을 쓰고 ③-2처럼 도시명 앞에는 in을 써야 하기 때문입니다.[71]

③-1 I met her at Berkeley. 나는 그녀를 버클리 대학에서 만났다.

③-2 I met her in Berkeley. 나는 그녀를 버클리 시에서 만났다.

아주 넓거나 좁은 곳에는 in, 애매한 넓이에는 at/in, 도로명 앞에는 on

국가, 주, 도시와 같이 아주 넓거나 room, car, box와 같이 아주 좁은 장소에는 in을 사용하지만 restaurant, hospital, school과 같이 애매하게 넓은 장소에는 at과 in을 모두 사용할 수 있습니다. 반면에 도로명 앞에는 on을 사용합니다.

④-1 I met her at a restaurant in Vermont.
  나는 그녀를 버몬트 주에 있는 레스토랑에서 만났다.

④-2 I met her in a restaurant on Vermont.
  나는 그녀를 버몬트 길에 있는 레스토랑에서 만났다.

Vermont는 미국 동북부의 작은 주의 이름이기도 하고 LA 한인 타운에 있는 큰 길의 이름이기도 합니다. 따라서 Vermont가 주 이름으로 쓰였을 때는 ④-1과 같이 in을 사용하고 길 이름으로 쓰였을 때는 ④-2와 같이 on을 써야 하죠.

D Of와 소유

주로 of는 무생물의 소유, 's는 생물의 소유를 나타낸다

영어에서 가장 빈번히 사용되는 전치사는 of입니다. 특히 문어체에서는 the 다음으로 사용빈도가 가장 높은 단어이죠. 영어에서 소유를 나타내는 방법은 두 가지가 있습니다. 전치사 of 또는 's를 사용하는 것이죠. 그럼 다음 중 문법적으로 틀린 것은 무엇일까요?

> That's _____.

ⓐ Isaiah's book ⓑ the Book of Isaiah
ⓒ a book of Isaiah ⓓ a book of Isaiah's

전치사 of는 ①-1과 같이 주로 무생물의 소유를 나타내고 's는 ①-2와 같이 주로 생물의 소유를 나타냅니다.

①-1 The legs <u>of</u> this table are not sturdy enough.
　　　　　　　무생물
　이 탁자의 다리는 충분히 튼튼하지가 않다.

①-2 My cat<u>'s</u> legs are getting stronger every day.
　　　　생물
　내 고양이의 다리는 매일 튼튼해지고 있다.

따라서 ⓐ Isaiah's book은 맞지만 ⓒ a book of Isaiah는 틀린 것이 됩니다.

'of + 소유대명사'를 사용하여 소유를 나타낼 수 있다

ⓑ the Book of Isaiah는 구약 성경에 나오는 '이사야 서'입니다.
ⓓ a book of Isaiah's에서 Isaiah's는 소유대명사입니다.

②-1 That's Isaiah's book. = That's Isaiah's. 그건 Isaiah의 책이야.
　　　　　소유한정사　　　　　　　　소유대명사

②-2 That's a book of Isaiah's. 그건 Isaiah의 책 중에 하나야.
　　　　　　　　　　소유대명사

이런 표현이 생소하게 들릴 수도 있지만 같은 구조를 가지고 있는 ③은 자주 사용되는 문장입니다.

③ He's a friend of mine. 걔는 내 친구 중 한 명이야.
　　　　　　　소유대명사

항상 무생물의 소유에는 of, 생물의 소유에는 's인 것은 아니다

항상 무생물의 소유에는 of, 생물의 소유에는 's가 쓰이는 것은 아닙니다. ④-1에서 's가 쓰인 이유는 train이 오고 있는 것을 생물의 행동으로 간주했기 때문입니다.[72]

④-1　The train's arrival was delayed.
　　　기차의 도착이 지연되었다.

④-2에서는 Many of the pages of the book과 같이 of가 두 번 나오는 것을 피하기 위해서 's가 사용되었죠.[73]

④-2　Many of the book's pages were torn.
　　　책의 많은 페이지가 찢어졌다.

⑤-1에서 of가 사용된 이유는 the well-known politician이 the son보다 훨씬 길기 때문입니다.[74] 문장은 긴 어구로 마치는 것이 좋기 때문이죠. (〈Lesson 25: A. 무거운 명사 이동〉 참고)

⑤-1　He's the son of the well-known politician.
　　　그는 잘 알려진 정치가의 아들이다.

> Tim's son's car와 같이 짧은 's는 연달아 사용됩니다.

⑤-2에서 of가 쓰인 이유는 Dr. Smith's daughter's husband처럼 긴 's가 두 번 연달아 사용되는 것을 피하기 위해서입니다.[75]

⑤-2　What can I do for the husband of Dr. Smith's daughter?
　　　Dr. Smith 딸의 남편을 위해 내가 무엇을 할 수 있을까?

of는 목적어를 취하기 위해 쓰일 수 있다

of의 사용빈도가 높은 이유는 소유 외에도 ⑥처럼 아무 뜻 없이 문법 역할을 수행하기 위해 사용되기 때문입니다. ①-1의 The legs of this table에서 of는 소유를 나타내지만 ⑥에 사용된 of는 소유를 나타내지 않습니다.

⑥-1 **(The) use of a calculator is not allowed on any exam.**
계산기를 사용하는 것은 어떤 시험에서도 허용되지 않는다.

⑥-2 **(The) publication of this book will affect many people's lives.** 이 책의 출판은 많은 사람들의 인생에 영향을 미칠 것이다.

use와 publication은 각각 calculator와 book에 속한 것이 아닙니다. 사실 calculator는 use(to use)의 목적어이고 book은 publication(to publish)의 목적어죠.

동사를 주어 자리에는 사용할 수 없으므로 명사형을 쓴 것이고 그러다 보니 목적어를 취할 수 없게 되어 아무 뜻이 없는 전치사 of를 사용하여 목적어를 취한 것입니다.[76]

> **목적어를 취하기 위한 of가 포함된 명사구에는 the를 생략할 수 있다**

The legs of this table과 같이 소유를 나타내는 of를 포함하는 명사구에서는 정관사 the를 꼭 사용해야 합니다. 하지만 ⑥처럼 단순히 목적어를 취하기 위해 사용된 of를 포함한 명사구에서는 the를 생략할 수 있습니다.

of는 형용사 뒤에서도 목적어를 취하기 위해 사용됩니다. ⑦에서 of가 소유를 나타내지 않는다는 것은 너무나도 명백하죠.

⑦-1 **I'm proud of my children.**
나는 내 아이들이 자랑스럽다.

⑦-2 **I'm not tired of writing this book.**
나는 이 책을 쓰는 것이 지겹지 않다.

 이것만은 확실히!

1. 전치사는 주로 (대)명사를 목적어로 취하지만 부사, 형용사, 과거분사도 취할 수 있고 두 개의 전치사가 함께 사용되기도 한다.
   - e.g. My mood went **from** sad **to** happy.
     The noise came **from behind** her.

2. at은 정확한 시각, in은 월, 계절, 연도, on은 요일과 함께 사용한다.
   - e.g. **at** 2:30; **in** June, **in** spring, **in** 2014; **on** Monday

3. 시간 지시어가 사용되었을 때는 전치사를 생략해야한다.
   - e.g. I saw her **last** Sunday / *on last Sunday.

4. 대학명 앞에는 at을 사용하고 도시명 앞에는 in을 사용한다.
   - e.g. I met her at Berkeley. vs. I met her in Berkeley.

5. 애매하게 넓은 장소에는 at 또는 in, 도로명 앞에는 on을 사용한다.
   - e.g. I met her at/in a restaurant on Vermont.

6. 무생물의 소유에는 of, 생물의 소유에는 's가 항상 사용되는 것은 아니다.
   - e.g. The train's arrival was delayed.
     Many of the book's pages were torn.

7. of는 단순히 목적어를 취하기 위해 사용될 수 있다.
   - e.g. (The) publication of this book will affect many people's lives.

Grammar Upgrade

다음 문장에 공통적으로 들어갈 전치사는 무엇일까요?

ⓐ They robbed him _____ his wallet.
그들은 그에게서 그의 지갑을 강탈하였다.

ⓑ I asked a question _____ the pastor.
나는 목사님께 질문 하나를 했다.

보통 rob과 ask를 수여동사 give와 같다고 생각해서 ⓐ에는 아무 전치사도 사용하지 않고 ⓑ에는 to를 사용하는 경우가 많습니다. 하지만 ⓐ와 ⓑ에 사용되어야 할 전치사는 모두 of입니다.

rob은 단순 타동사이므로 하나의 목적어만 취할 수 있습니다. 따라서 두 번째 목적어 앞에는 단순히 목적어를 취하기 위한 of를 사용해야 합니다. rob과 같은 구조를 취하는 동사는 cure, strip, clear, empty, relieve, deprive 등이 있습니다.

이 동사들은 모두 ⓒ와 같이 'A에서 B를 제거 또는 박탈하다'라는 뜻을 가지고 있기 때문에 '제거·박탈 동사'라고 부릅니다.

ⓒ They stripped him of all his medals.
                  A   B
그들은 그에게서 그의 모든 메달을 박탈하였다.

간접목적어 앞에 사용될 수 있는 전치사는 to, for, of 세 가지가 있습니다. 그중 특히 of에 주목해야 합니다. to와 for는 해석이 자연스러운데 of는 무슨 뜻인지 잘 이해가 되지 않죠.

Grammar Upgrade

ⓓ I gave Jaden a toy. → I gave a toy to Jaden.
　　　간 · 목　　　　　　　Jaden에게 장난감 하나를 주었다.

ⓔ I bought Athena a book. → I bought a book for Athena.
　　　　　간 · 목　　　　　　Athena를 위해 책 한 권을 샀다.

ⓕ I asked Claire a question. → I asked a question of Claire.
　　　　간 · 목　　　　　　　Claire에게 질문 하나를 했다.

ⓓ의 to와 ⓔ의 for는 각각 본래의 뜻인 '~에게', '~를 위해'로 해석이 됩니다. 그런데 이상하게 ⓕ의 of는 본래의 뜻인 '~의'와 관계없는 '~에게'로 해석이 됩니다. 따라서 ⓕ의 of는 I'm proud of you. 처럼 단순히 목적어를 취하기 위해 쓰인 전치사로 이해해야 합니다.

다행히도 'of + 간접목적어'를 취하는 동사는 매우 한정되어 있습니다. ask, beg, request 정도죠. 특히 일상 대화에서는 'of + 간접목적어'를 아예 생략하거나 주로 Can I ask you a question?과 같은 어순을 사용합니다.

형용사와 부사
Adjectives & Adverbs

> **이런 말, 영어로 할 수 있나요?**
> ⓐ 저 악어는 잠이 들었다.
> ⓑ 이것은 아이들에게 적합한 영화가 아니다.
> ⓒ 정확히 9시에 나에게 전화해 줘.
> ⓓ 나는 그보다 그녀를 더 사랑한다.
> ⓔ 이것은 보이는 것만큼 비싸지 않다.
>
> 정답 ⓐ는 A의 ③-1번, ⓑ는 ④-1번, ⓒ는 B의 ②-1번,
> ⓓ는 C의 ③-1번, ⓔ는 ⑨-2번 문장을 보세요.

A 형용사

형용사는 한정용법 또는 서술용법으로 쓰인다

영어의 거의 모든 형용사는 두 가지 용법으로 사용될 수 있습니다. ①-1처럼 앞에서 명사를 직접 꾸며줄 때는 한정용법이라고 하고 ①-2처럼 동사 뒤에서 보어 역할을 할 때는 서술용법이라고 하죠.

①-1 She's a happy mother. 그녀는 행복한 어머니이다.
        한정용법

①-2 She's happy. 그녀는 행복하다.
         서술용법

asleep처럼 a로 시작하는 형용사는 거의 서술형용사다

몇몇 형용사는 하나의 용법으로만 쓰입니다. ②와 같이 한정용법으로만 사용되는 것은 한정형용사, ③과 같이 서술용법으로만 사용되는 것은 서술형용사라고 하죠.

②-1 My son was the main character in the play.
                              한정형용사
        내 아들이 그 연극에서 주인공이었다.

②-2　*My son was main in the play.

③-1　That crocodile is asleep. 저 악어는 잠이 들었다.
　　　　　　　　　　　　서술형용사

③-2　*That is an asleep crocodile.

한정형용사에는 main, elder, mere, very, inner, outer, golden, drunken, wooden 등이 있고 서술형용사에는 asleep, alone, afraid, alive, alike, ashamed 등이 있습니다.

서술형용사는 명사를 뒤에서 꾸며줄 수 있다

한정용법으로 사용된 형용사의 기본적인 위치는 명사의 앞입니다. ④-1처럼 명사 뒤에 쓰인 형용사는 관계대명사와 be동사가 생략된 것이죠.

④-1　This is not a movie (that is) suitable for children.
　　　　　　　　이것은 아이들에게 적합한 영화가 아니다.

〈Lesson 17 : 대명사〉에서 설명한 부정대명사를 제외하고 형용사가 단독으로 명사 뒤에서 수식해 주는 경우는 모두 ④-2와 같이 서술형용사가 쓰인 것입니다.

④-2　He was the only man alive. 그가 살아남은 유일한 사람이었다.
　　　　　　　　　　　　　서술형용사

the+형용사 = 복수 보통명사

⑤처럼 형용사는 the와 함께 쓰여 복수 보통명사를 나타내기도 합니다. 물론 동사도 복수형을 사용해야 하죠.

⑤　The rich are not always happier than the poor.
　　　= Rich people　　　　　　　　　　　　　　= poor people
　　　부자들이 가난한 사람들보다 항상 행복한 것은 아니다.

the deceased(= the departed)(고인(故人)), the undersigned(문서의 서명자)처럼 'the + 형용사'가 단·복수명사로 모두 쓰이는 경우도 있지만 극히 드뭅니다.

others와 the sub-
conscious 사이에
는 call it이 생략된
것입니다. 자세한 설
명은 〈Writing 절
대 매뉴얼-입문편〉
의 〈Lesson 12: 동사
생략〉 참고

또한 'the + 형용사'가 ⑥처럼 추상명사로 쓰이는 경우도 있지만 일상
대화에서는 잘 쓰이지 않는 용법이죠.

⑥ Freud calls it the unconscious and others the subconscious.
　　　　　　　　　= unconsciousness　　　　　　　= subconsciousness
　프로이트는 이것을 무의식이라고 부르고 다른 이들은 잠재의식이라고 부른다.

B 부사

일반적으로
형용사에 -ly를
더하면 부사가 된다

부사는 세 종류로 나눌 수 있습니다. 첫째는 honestly, happily와 같이 형용사에 -ly를 더한 부사가 있습니다. 둘째는 fast, late와 같이 형용사와 부사의 형태가 같은 부사입니다. 셋째는 pretty, right와 같이 형용사와 형태는 같은데 뜻이 다른 부사입니다.

〈부사의 종류〉

① 형용사 + ly		② 형용사 = 부사	③ 형용사와 부사가 다른 뜻		
				형용사	부사
ⓐ honest + ly	honestly	fast	pretty	예쁜	꽤
quick + ly	quickly	early	very	바로	매우
ⓑ happy + ly	happily	late	right	옳은, 우측의	바로
easy + ly	easily	long	hard	단단한, 어려운	열심히
ⓒ true + ly	truly	close	even	평평한, 고른	~조차
possible + ly	possibly	far	well	건강한	잘, 제대로

부사는 거의 모든 품사와 문법 구조를 꾸며 줄 수 있다

기본적으로 명사만 꾸며 주는 형용사와 달리 부사는 ①, ②처럼 명사를 포함한 거의 모든 품사와 문법 구조를 꾸며 줄 수 있습니다.

①-1　He speaks only English. (= He speaks English only.)
　　　　　　　　　명사　　　　　　　　　　　　　　　　　　　명사
　　　　그는 영어만 한다.

①-2　Even I have a limit.
　　　　　　　대명사
　　　　나도 한계가 있다.

①-3　This coffee is very hot.
　　　　　　　　　　　　　　형용사
　　　　이 커피는 매우 뜨겁다.

①-4　He speaks Chinese extremely well.
　　　　　　　　　　　　　　　　　　　　다른 부사
　　　　그는 중국어를 정말 너무 (극도로) 잘한다.

①-5　She spoke honestly about her past.
　　　　　　　동사
　　　　그녀는 그녀의 과거에 대해 솔직히 이야기했다.

②-1　Call me exactly at nine. 정확히 9시에 나에게 전화해 줘.
　　　　　　　　　　　구

②-2　I went to bed right after he left. 그가 떠난 직후 나는 잠자리에 들었다.
　　　　　　　　　　　　　　　절

②-3　Frankly, I don't think he's right. 솔직히, 나는 그가 옳다고 생각하지 않아.
　　　　　　　　　　문장

두 개 이상의 부사(구)가 쓰였을 때는 '방장시' 또는 '장방시'의 순서를 따른다

'방장시' 또는 '장방시'라고 들어보셨나요? 여러 개의 부사(구)가 한 문장에 쓰였을 때 ③처럼 방법, 장소, 시간 또는 장소, 방법, 시간의 순서로 사용되는 것을 나타내는 말이죠.

③-1　The plane arrived uneventfully at Honolulu by midnight.[77]
　　　　　　　　　　　　　　방법　　　　　　　장소　　　　　시간
　　　　비행기는 자정까지 호놀룰루에 별 탈 없이 도착했다.

③-2　I'll take you there safely tomorrow.
　　　　　　　　　　장소　방법　　시간
　　　　내가 내일 널 그곳에 안전하게 데려다 줄게.

그런데 언제 '방장시'가 되고 언제 '장방시'가 되는지는 명확하지 않습니다.[78] '방장시'와 '장방시'의 공통점은 시간부사가 마지막에 온다는 것이죠. ④-2가 비문인 이유도 시간부사가 방법부사 앞에 왔기 때문입니다.

④-1 She finished her homework quickly yesterday.
　　　　　　　　　　　　　　　　　　　　방법　　　시간
　　　그녀는 그녀의 숙제를 어제 빨리 끝냈다.

④-2 *She finished her homework yesterday quickly.
　　　　　　　　　　　　　　　　　　　　시간　　　방법

방법부사(= 양태부사)는 how에 대한 답을 나타내는 부사인데, 그 예로 quickly, perfectly, immediately 등이 있습니다.

시간 단위의 크기는 사용되는 순서에 영향을 주지 않는다

시간 단위는 ⑤-1처럼 작은 시간 단위, 큰 시간 단위 순서로 쓰여야 한다고 설명하는 문법책이 많은데, 꼭 그런 것은 아닙니다. ⑤-2도 전혀 문제가 되지 않죠.

⑤-1 I'll meet you at five o'clock tomorrow.
　　　　　　　　　　작은 시간 단위　　　큰 시간 단위
　　　나는 내일 다섯 시에 너를 만나겠다.

⑤-2 I'll meet you tomorrow at five o'clock.
　　　　　　　　　　큰 단위　　　작은 단위

C 비교급과 최상급

형용사·부사가 비교급, 최상급으로 쓰일 때는 각각 -er, -est를 취한다

가산명사가 단수에서 복수로 바뀔 때 어미 -s를 취하는 것과 같이 형용사와 부사가 비교급과 최상급으로 쓰일 때는 ①과 같이 각각 어미 -er, -est를 취합니다.

①-1 I'm faster than he is. 나는 걔보다 빠르다.
　　　　　　형용사 비교급

①-2 She talks (the) fastest in my class.
　　　　　　　　　　　　부사 최상급
　　　그녀는 우리 반에서 가장 빠르게 말한다.

than이 접속사로 쓰였을 때는 동사를 생략하지 않는 것이 자연스럽다

①-1에서 than은 접속사로 사용되었지만 구어체에서는 주로 ②-1처럼 전치사로 사용됩니다. ②-2도 문법적으로는 가능하지만 ①-1, ②-1만큼 빈번히 사용되지는 않습니다. 동사 is를 생략하면 어색해지기 때문이죠.

②-1 I'm faster than him.　　　②-2 ?I'm faster than he.
　　　　　　　　전치사　　　　　　　　　　　　　　접속사

③-1에도 him이 사용되었는데, 여기서의 than은 접속사입니다. more than I love him의 I love가 생략된 형태이기 때문이죠. 따라서 ③-2와는 완전히 다른 뜻이 됩니다.

③-1 I love her more than him. (= more than I love him)
　　　나는 그보다 그녀를 더 사랑한다.

③-2 I love her more than he does. (= more than he loves her)
　　　나는 그가 그녀를 사랑하는 것보다 더 그녀를 사랑한다.

다음은 형용사와 부사의 비교급·최상급의 규칙변화와 불규칙변화를 표로 정리한 것입니다.

〈대다수의 1음절·2음절어 규칙 변화〉

	원급	비교급 (-er)	최상급 (-est)
	fast	faster	fastest
'단모음+단자음'으로 끝날 때	big	bigger	biggest
e로 끝날 때	large	larger	largest
y로 끝날 때	pretty	prettier	prettiest

▷ fun, handsome, useful, famous 등의 단어와 3음절 이상의 단어는 more(비교급), most(최상급)를 사용함.

〈불규칙 변화〉

원급	비교급	최상급
good & well	better	best
bad & ill	worse	worst
many & much	more	most
little	less	least
far	farther(**거리**가 더 먼) further(**정도**가 더 한)	farthest furthest

최상급 형용사 앞에는 the를 꼭 사용한다

④-1처럼 **최상급 형용사가 명사를 수식할 때는 반드시 the**를 써야 합니다.

④-1 She is the fastest girl in my class. 그녀가 우리 반에서 가장 빠른 소녀다.

하지만 **최상급 부사 앞의 the는** ①-2와 같이 **생략할 수 있습니다.** 미국 영어에서는 보통 생략하지 않고 the를 사용하죠.

④-2 She runs (the) fastest in my class. 그녀가 우리 반에서 가장 빨리 달린다.

동일한 대상의 최상급 앞에는 the를 쓰지 않는다

⑤에서 최상급 앞에 the를 붙이지 않은 이유는 deepest, fattest가 다른 수영장, 다른 사람과 비교하여 가장 깊은 수영장, 가장 살찐 사람이라는 뜻이 아니기 때문입니다.

⑤-1 The pool is deepest here. 이 수영장은 여기가 가장 깊다.

⑤-2 I weighed over 200 pounds when I was fattest.
내가 가장 살이 쪘을 때 나는 200파운드가 넘었다.

⑥-1처럼 deepest 앞에 the를 붙이면 다른 수영장과 비교하여 가장 깊은 수영장이라는 뜻이 되죠.

⑥-1　The pool (attached to this hotel) is the deepest (one) here (in this city).
　　　(이 호텔에 있는) 이 수영장이 (이 도시에서) 가장 깊은 수영장이다.

하지만 나를 다른 나와 비교할 수는 없으므로 ⑥-2에서는 fattest 앞에 the를 붙일 수 없습니다.

⑥-2　*I weighed over 200 pounds when I was the fattest.

동일한 대상의 비교는 more... than ~으로 한다

hot의 비교급은 hotter입니다. 그런데 ⑦에서 hotter를 사용하지 않고 more hot을 사용한 이유는 무엇일까요?

⑦　This fall, it's more hot than cool here.
　　　　　　　　*hotter
　　이번 가을에 여기는 시원하기보다는 오히려 더운 편이다.

다른 곳보다 더 덥다는 뜻이 아니고 같은 장소의 날씨에 대해 이야기하고 있기 때문입니다.

비교급은 특수한 상황에서만 the와 함께 쓰인다

최상급과 달리 비교급은 원칙적으로 the와 함께 쓰이지 않습니다. 하지만 ⑧-1처럼 of the two와 함께 쓰인 비교급에는 the를 사용합니다.

⑧-1　I'm the older of the two (of us).
　　　(우리 둘 중에 내가 나이가 더 많은 사람이다.)

⑧-2는 the more the merrier(많을수록 좋다)의 구조에서 각각의 비교급 뒤에 절을 삽입한 것입니다.

⑧-2　The more I think about it, the less it makes sense.
　　　더 생각하면 할수록 더 말이 안 된다.

| 원급 비교를 할 때는 'as+원급+as'를 쓴다 | 원급을 써서 비교를 할 때는 ⑨와 같이 'as+원급+as'의 구문을 사용합니다. 원급 비교를 부정할 때는 'as+원급+as' 앞에 not을 쓰죠. |

⑨-1 My daughter is now as tall as my wife.
　　　내 딸은 이제 내 아내만큼 키가 크다.

⑨-2 It's not as expensive as it looks.
　　　이것은 보이는 것만큼 비싸지 않다.

이것만은 확실히!

1. asleep과 같이 a로 시작하는 형용사는 거의 모두 서술형용사이고 명사를 뒤에서 꾸며 줄 수 있다.
   e.g. He was the only man alive.

2. the+형용사 = 복수 보통명사
   e.g. The rich are not always happier than the poor.

3. 일반적으로 형용사에 -ly를 더하면 부사가 되고 부사는 거의 모든 품사와 문법구조를 꾸며 줄 수 있다.
   e.g. Even I have a limit. Frankly, I don't think he's right.

4. 형용사·부사가 비교급, 최상급으로 쓰일 때는 각각 -er, -est를 취한다.
   e.g. I'm faster than he is. She talks (the) fastest in my class.

5. 최상급 형용사 앞에는 the를 꼭 사용해야 하지만 최상급 부사 앞의 the는 생략할 수 있다.
   e.g. She is the fastest girl in my class.

6. 동일한 대상의 최상급 앞에는 the를 사용하지 않는다.
   e.g. I weighed over 200 pounds when I was fattest.

7. 원급 비교를 할 때는 'as+원급+as'를 사용한다.
   e.g. My daughter is now as tall as my wife.

Grammar Upgrade

How often?에 대한 대답으로 사용되는 never, always, usually, rarely 등을 빈도부사라고 합니다. 다른 부사와 달리 대부분의 빈도부사는 문두나 문미에는 사용될 수 없고 일반동사 앞, be동사 뒤, 또는 ⓐ와 같이 조동사와 본동사 사이에 사용되어야 합니다.

ⓐ I have never been to Australia. 나는 호주에 가본 적이 없다.

그럼 아래의 ⓑ는 비문일까요?

ⓑ I never have been to Australia.

빈도부사를 조동사 앞에 쓴다고 비문이 되지는 않습니다. 하지만 어순이 달라졌기 때문에 억양도 변해야 합니다. ⓑ와 같이 never가 조동사 앞에 사용되었을 때는 조동사 have에 강세를 줘야 합니다.

마찬가지로 always도 ⓒ와 같이 be동사 다음에 올 수도 있고 ⓓ와 같이 be동사 앞에 올 수도 있습니다.

ⓒ He is always late for school. 그는 항상 학교에 늦는다.
ⓓ He always is late for school.

물론 ⓓ에서는 is에 강세를 줘야겠죠.

무거운 명사 이동, 도치, 강조
Heavy NP Shift, Inversion, & Emphasis

이런 말, 영어로 할 수 있나요?
ⓐ 그는 그의 돈 벌 계획을 나에게 설명해 주었다.
ⓑ 어떤 것들은 절대 익숙해지지 않는다.
ⓒ 내가 이렇게 말문이 막힌 적은 거의 없어.
ⓓ Athena가 숙제를 마친 건 새벽 2시이다.
ⓔ 내가 할 수 있는 건 나의 마음을 다스리는 것이다.

정답 ⓐ는 A의 ⑤–1번, ⓑ는 B의 ①–2번, ⓒ는 ⑪–4번,
ⓓ는 C의 ①–4번, ⓔ는 ⑥–3번 문장을 보세요.

A 무거운 명사 이동

타동사와 목적어 사이에 불필요한 것을 쓰지 않는다

타동사와 목적어는 아주 밀접한 관계를 가지고 있습니다. 그래서 둘 사이에 특별한 이유 없이 부사가 끼는 것을 아주 싫어하죠.

①–1 I don't <u>completely</u> <u>understand</u> <u>him</u>.
　　　　　　부사　　　　　타동사　　목적어
나는 그를 완전히는 이해하지 못한다.

①–2 *I don't <u>understand</u> <u>completely</u> <u>him</u>.
　　　　　　타동사　　　　*부사　　　목적어

①–3 I don't <u>understand</u> <u>him</u> <u>completely</u>.
　　　　　　타동사　　목적어　　부사

긴 명사구와 명사절은 문장 끝으로 보내는 것이 좋다

그런데 목적어가 짧은 단어가 아닌 ②처럼 긴 명사구 또는 명사절일 때는 타동사와 목적어 사이에 부사가 쓰일 수 있습니다.

②–1 I don't <u>understand</u> <u>completely</u> <u>his plans for making money</u>.
　　　　　　타동사　　　　부사　　　　무거운 (= 긴) 명사구
나는 그의 돈 벌 계획을 완전히는 이해하지 못한다.

②-2 I don't understand completely what he was talking about.
　　　　　　　　타동사　　　　　　부사　　　　　　　무거운 (= 긴) 명사절
나는 그가 무엇에 관해 말을 했는지 완전히는 이해하지 못한다.

영어에서 가장 기본적인 원칙 중 하나는 **무거운 것을 문장 끝에 위치시키는 것**입니다. 그래서 ②에서도 무거운(= 긴) 명사구와 명사절을 문장의 끝으로 보낸 것이죠.

> explain의 목적어도 길 때는 문장 끝으로 보내는 것이 좋다

동사 explain은 give와 달리 간접목적어가 동사 바로 뒤에 올 수 없습니다. ③-1처럼 항상 전치사 to와 함께 쓰여야 하죠.

③-1 He explained it to me. 그는 나에게 그것을 설명해 주었다.

③-2 *He explained me it.

그리고 ③-3처럼 목적어가 대명사일 때는 to를 동반해도 동사 바로 뒤에 올 수 없습니다.

③-3 *He explained to me it.

하지만 ④처럼 **무거운 명사구나 명사절이 목적어로 사용되었을 때는 목적어를 문장 끝으로 이동시키는 것이 좋습니다.** 그러면 저절로 to me는 동사 바로 뒤에 오게 되겠죠.

④-1 He explained to me his plans for making money.
　　　　　　　　　　　　　　　　무거운 명사 이동
그는 그의 돈 벌 계획을 나에게 설명해 주었다.

④-2 He explained to me what he was talking about.
　　　　　　　　　　　　　　　무거운 명사 이동
그는 그가 무엇에 관해 말을 했는지 나에게 설명해 주었다.

동격명사절도 문장 끝으로 보낼 수 있다

동격명사절은 주로 꾸며 주는 명사 바로 뒤에 나옵니다. (〈Lesson 22: C. Whether, If, That〉 참고) 하지만 무거운 동격명사절은 ⑤처럼 문장 끝으로 보내는 것이 좋습니다.

⑤ What assurance do I have that this book will improve my English? assurance의 동격명사절
이 책이 나의 영어를 향상시킬 것이라는 어떤 보장이 있죠?
(= 어떤 보장을 내가 가지고 있죠?)

Pick up him,이 비문인 이유는 대명사 him이 너무 가볍기 때문이다

명사 상당어구 중 가장 가벼운 것은 대명사입니다. 구동사 pick up의 목적어가 명사일 때는 ⑥-1과 같이 pick과 up 사이에 올 수도 있고 pick up 다음에 올 수도 있습니다.

⑥-1 I'll pick Jaden up. (= I'll pick up Jaden.)
내가 Jaden을 데리러 가겠다.

반면, 대명사일 때는 항상 ⑥-2처럼 pick과 up 사이에 쓰여야 합니다. 기능어인 대명사보다는 의미어인 부사 up이 뒤에 오는 것이 안정적이기 때문이죠.

⑥-2 I'll pick him up.   *I'll pick up him.

B

도치

목적어가 문두에 올 때는 주어·동사 도치를 하지 않는다

영어에서 일반 평서문의 어순은 '주어+동사+목적어/보어'입니다. 이 기본 어순 대신 주어 앞에 동사, 목적어, 보어 등을 사용하는 것을 도치라고 합니다. 주어와 동사를 도치하는 주된 이유는 의문문을

만들기 위해서입니다. 그럼 목적어는 왜 문두로 도치시킬까요?

①-1 That I don't know. 그건 몰라.

①-2 Some things you never get used to.
어떤 것들은 절대 익숙해지지 않는다.

목적어를 문두에 사용하는 이유는 목적어를 강조하기 위해서입니다. 목적어가 문두에 사용되어 강조될 때는 주어와 동사가 도치되지 않습니다. 도치를 하면 문장의 뜻이 바뀔 수 있기 때문이죠.

①-3 John Mary likes. = Mary likes John. ≠ John likes Mary.

보어의 도치는 주로 구·신정보 배열 또는 무거운 주어 이동에서 나타난다

보어의 도치는 주로 ②-1에서처럼 정보를 구정보-신정보 순으로 배열하거나 ②-2에서처럼 무거운(=긴) 주어를 절의 끝으로 보낼 때 나타납니다. (구·신정보 배열에 대한 자세한 내용은 〈Writing 절대 매뉴얼-실전편〉의 〈Lesson 10: B. 정보구조〉를 참고)

②-1 Blessed are the meek, for they shall inherit the earth.
　　　구정보　　　신정보　　구정보　　　　신정보
온유한 자는 복이 있나니 그들이 땅을 기업으로 받을 것임이요. (마태복음 5장 5절)

②-2 Blessed are those who hunger and thirst for righteousness,
　　　　　　　　　　무거운(=긴) 주어
for they shall be filled.
의에 주리고 목마른 자는 복이 있나니 그들이 배부를 것임이요. (마태복음 5장 6절)

'so+형용사/부사'가 문두에 올 때는 주어·조동사 도치를 한다

보어를 강조하기 위한 도치는 주로 ③-1에서처럼 so ~ that 용법이 사용된 문장에서 나타납니다.

③-1 So great was his victory that he felt invincible.
　　= His victory was so great that he felt invincible.
그의 승리가 너무 커서 그는 천하무적이라고 느꼈다.

so ~ that 용법은 부사와 함께 사용될 수도 있으므로 ③-2에서처럼 'so+부사'가 문두로 올 수도 있습니다.

③-2 So much did he talk that he lost his voice.
　　 = He talked so much that he lost his voice.
　　 그는 말을 너무 많이 해서 목소리가 나오지 않았다.

'so+형용사/부사'가 문두에 올 때는 의문문과 같이 주어와 조동사(또는 be동사)가 도치되어야 합니다. 따라서 ③-1에서는 his victory와 was가 도치되었고 ③-2에서는 he talked가 did he talk가 되었습니다.

방향·위치를 나타내는 부사(구)가 문두에 올 때는 주어·동사를 도치한다

④, ⑤에서처럼 방향·위치를 나타내는 부사(구)가 문두에 사용되었을 때는 주어·동사 도치를 선택적으로 할 수 있습니다.

④-1 Into the tent ran Tim. (= Into the tent Tim ran.)
　　　 Tim이 텐트 안으로 달려갔다.

주어가 대명사일 경우에는 도치를 할 수 없습니다. 문미에는 무거운 것이 와야 하는데 대명사는 너무 가볍기 때문입니다.

④-2 *Into the tent ran he.　　　④-3 Into the tent he ran.

⑤-2가 비문인 이유도 문미에 가볍고 별 의미 없는 be동사가 왔기 때문입니다.

⑤-1 In the garden is an apple tree. 사과나무 한 그루가 정원에 있다.

⑤-2 *In the garden an apple tree is.

하지만 stands는 일반동사이므로 ⑤-3과 같이 도치를 하지 않아도 됩니다.[79]

⑤-3 In the garden stands an apple tree.
　　 (= In the garden an apple tree stands.)
　　　 사과나무 한 그루가 정원에 서 있다.

here, there가 문두에 올 때는 항상 도치를 한다

다른 부사와는 달리 here와 there가 문두에 올 때는 항상 도치를 합니다. 함께 쓰이는 동사도 come, go, be동사 정도로 한정되어 있죠.[80]

⑥-1 Here comes the bus.   ⑥-2 *Here the bus comes.
버스가 여기로 온다.

⑦-1 There goes our lunch.   ⑦-2 *There our lunch goes.
우리 점심이 날아갔네.

하지만 here와 there도 주어가 대명사일 때는 동사와 도치를 할 수 없습니다.

⑥-3 *Here comes he.   ⑥-4 Here he comes.
그가 여기로 온다.

⑦-3 *There go you!   ⑦-4 There you go!
잘 했어!

반복을 피하기 위한 so, neither는 주어가 대명사일 때도 도치를 한다

⑧과 같이 앞 문장 또는 상대방이 한 말의 반복을 피하기 위해 사용되는 so와 neither는 주어가 명사일 때는 물론이고 대명사일 때도 항상 동사와 도치를 해야 합니다.

⑧-1 She has already seen that movie, and so have I.
그녀는 그 영화는 이미 봤고, 나도 이미 그 영화를 봤다.

⑧-2 A I'm starving.   B So am I.
배고파 죽겠다.   나도.

⑧-3 She's not going to the party, and neither am I.
그녀는 파티에 가지 않을 것이고, 나도 가지 않을 것이다.

⑧-4 A I haven't done my homework yet.   B Neither have I.
나는 아직 내 숙제를 하지 않았어.   나도 아직 안 했어.

so와 neither 뒤에는 주어·조동사 도치를 한다

사실 ⑧에서 주어와 도치되는 것은 동사가 아니고 조동사입니다. have, am 모두 조동사로 사용되었기 때문이죠. ⑨처럼 앞 문장에 조동사가 포함되지 않고 일반동사가 사용되었을 때는 조동사 do를 써야 합니다.

⑨-1 My parents live in L.A., and so does my brother.
내 부모님은 L.A.에 사시고 내 동생도 L.A.에 산다.

⑨-2 My brother doesn't smoke, and neither do I.
내 동생은 담배를 피우지 않고 나도 피우지 않는다.

⑨가 어렵다고 느껴질 수 있으나, 의문문을 만들 때 사용되는 주어·동사의 도치라고 생각하면 간단합니다. 물론 의문문에서와 마찬가지로 조동사가 아닌 본동사 be도 주어와 도치를 합니다.

⑩-1 A I was really tired last night. B So was I.
나는 어제 저녁에 정말 피곤했었어. 나도 그랬어.

⑩-2 A I'm not ready for the test. B Neither am I.
나는 시험 준비가 되지 않았어. 나도 되지 않았어.

부정어가 문두에 올 때에도 주어·조동사 도치를 한다

반복을 피하기 위해 사용되는 so, neither와 마찬가지로 never, little, hardly, rarely, seldom 등의 부정어가 문두에 나올 때도 주어·조동사 도치를 합니다.

⑪-1 Never have I seen such a smart student.
그렇게 똑똑한 학생은 결코 본 적이 없어.

⑪-2 Rarely do I ever cry while watching a movie.
영화를 보면서 나는 좀처럼 울지 않아.

⑪-3 Little did I know that I would come back to Korea.
내가 한국으로 돌아올 것이라고는 전혀 생각(= 알지) 못했지.

⑪-4 Seldom am I this speechless.
내가 이렇게 말문이 막힌 적이 거의 없어.

C 강조 구문

도치 외에 다음 두 가지 구문을 사용하여 강조를 할 수 있습니다.

Ⓐ 강조	Ⓑ 강조
It be Ⓐ that Ⓑ	What Ⓐ be Ⓑ
It is his toy shark **that** Jaden wants. 　　　　Ⓐ	**What** Jaden wants **is** his toy shark. 　　　　　　　　　　Ⓑ

= Jaden wants his toy shark.
Jaden은 그의 장난감 상어를 원한다.

It be Ⓐ that Ⓑ 구문에서 강조되는 것은 Ⓐ이다

It be Ⓐ that Ⓑ 구문에서 강조가 되는 것은 It be 다음에 오는 Ⓐ입니다. Ⓐ 자리에는 동사를 제외한 다양한 문장 요소가 올 수 있습니다.

①-1　Athena finished her homework at 2 a.m.
　　　Athena는 새벽 2시에 숙제를 마쳤다.

①-2　It was Athena that finished her homework at 2 a.m.
　　　새벽 2시에 숙제를 마친 건 Athena다.

①-3　It was her homework that Athena finished at 2 a.m.
　　　새벽 2시에 Athena가 마친 건 숙제다.

①-4　It was at 2 a.m. that Athena finished her homework.
　　　Athena가 숙제를 마친 건 새벽 2시이다.

It be Ⓐ that Ⓑ의 강조구문에서는 that을 사용하는 것이 기본이지만 다른 관계대명사나 관계부사를 사용할 수도 있습니다. 따라서 ①-2에서는 who, ①-4에서는 when을 사용할 수도 있죠.

| that 대신 관계부사를 쓰면 강조의 의미가 약해진다 | 하지만 when과 같은 관계부사를 사용하면 강조의 의미가 좀 약해집니다. 강조구문이라기 보다는 ②처럼 부사절이라는 느낌을 더 줄 수 있기 때문이죠.

② It was 2 a.m. when Athena finished her homework.
　　　　　　　　　　　　　　부사절
　　Athena가 숙제를 마쳤을 때는 새벽 2시였다.

주목할 것은 강조구문인 ①-4에는 at이 꼭 쓰여야 하지만 ②에는 at이 쓰이지 않는다는 것입니다. |

| What Ⓐ be Ⓑ 구문에서 강조되는 것은 Ⓑ이다 | It be Ⓐ that Ⓑ 구문과는 달리 What Ⓐ be Ⓑ 구문에서 강조가 되는 것은 Ⓑ입니다.

③ I need money. → What I need is money.
　　나는 돈이 필요해.　　　　내가 필요한 건 돈이야.

④ I know why he did it. → What I know is why he did it.
　　나는 그가 왜 그랬는지 알아.　　내가 아는 건 그가 왜 그랬는지야.

What Ⓐ is Ⓑ에서는 What과 is를 빼면 원래 문장이 됩니다. 그리고 What 대신 All이 쓰일 수도 있습니다.[81] |

| 동사구가 강조되었을 때는 동사 세 개가 연달아 나올 수 있다 | ⑤-3, ⑥-3, ⑦-3과 같이 동사구가 is 뒤에 나오면 많은 학생들이 틀린 문장이라고 헷갈려 합니다. 동사 세 개가 연달아 나오기 때문이죠. 하지만 is 앞에 있는 do는 is 뒤에 나오는 동사구 대신에 사용된 조동사입니다.

⑤-1　He teaches English. 그는 영어를 가르친다.

⑤-2　What he teaches is English. 그가 가르치는 것은 영어다.

⑤-3　What he does is teach English. 그가 하는 일은 영어를 가르치는 것이다. |

⑥-1   I can control my mind.
　　　나는 내 마음을 다스릴 수 있다.

⑥-2   What I can control is my mind.
　　　내가 다스릴 수 있는 건 내 마음이다.

⑥-3   What I can do is control my mind.
　　　내가 할 수 있는 건 나의 마음을 다스리는 것이다.

⑦-1   I promised to call her.
　　　나는 그녀에게 전화하겠다고 약속하였다.

⑦-2   What I promised was to call her.
　　　내가 약속한 것은 그녀에게 전화하겠다는 것이다.

⑦-3   What I promised to do was call her.
　　　내가 하겠다고 약속한 것은 그녀에게 전화하는 것이다.

⑤-3, ⑥-3, ⑦-3에는 be동사 다음에 to가 필요 없습니다. to가 필요한 경우는 ⑦-2처럼 to부정사구를 강조할 때입니다.

Ⓑ be what Ⓐ
어순도 가능하다

What Ⓐ be Ⓑ 구문은 어순을 바꿔 Ⓑ be what Ⓐ로 사용될 수도 있습니다.[82]

⑧-1   Money is what I need. = What I need is money.

⑧-2   Call her is what I promised to do.
　　　= What I promised to do was call her.

⑧-1처럼 명사가 앞에 나올 때는 전혀 이상해 보이지 않지만 ⑧-2와 같이 동사가 나오면 비문처럼 보입니다. 하지만 두 문장은 모두 비문이 아니죠. 그리고 ⑦-3의 was가 ⑧-2에서는 is로 바뀐다는 것도 유의해야 합니다.

1. 긴 명사구와 명사절은 문장 끝으로 보내는 것이 좋다.
   e.g. I don't understand completely his plans for making money.

2. 목적어가 문두에 올 때는 주어·동사 도치를 하지 않는다.
   e.g. That I don't know.

3. 보어의 도치는 주로 구·신정보 배열 또는 무거운 주어 이동에서 나타난다.
   e.g. Blessed are the meek, for they shall inherit the earth.

4. 'so+형용사/부사'가 문두에 올 때는 주어·조동사 도치를 한다.
   e.g. So much did he talk that he lost his voice.

5. 방향·위치를 나타내는 부사(구)가 문두에 올 때는 주어·동사를 도치한다.
   e.g. Into the tent ran Tim. = Into the tent Tim ran.

6. 부정어가 문두에 올 때는 주어·조동사 도치를 한다.
   e.g. Seldom am I this speechless.

7. It be Ⓐ that Ⓑ 구문에서 강조가 되는 것은 Ⓐ이다.
   e.g. It was at 2 a.m. that Athena finished her homework.
        Ⓐ 강조   Ⓑ

8. What Ⓐ be Ⓑ 구문에서 강조가 되는 것은 Ⓑ이고 동사구가 강조 되었을 때는 동사 세 개가 연달아 나올 수 있다.
   e.g. What I can do is control my mind.
             Ⓐ   Ⓑ 강조

다음 두 문장의 it이 가지고 있는 공통점은 무엇일까요?

ⓐ It is obvious to everyone that this class is interesting.
이 수업이 흥미롭다는 것은 모든 사람들에게 명백하다.

ⓑ I find it difficult to believe that she fell asleep in my class.
나는 그녀가 내 수업시간에 잠이 들었다는 것을 믿기 어렵다.

ⓐ, ⓑ에서 it은 모두 긴 명사절을 문미로 보내기 위해 쓰였습니다. 이렇게 무거운 명사를 문미로 보내기 위해 사용된 it을 각각 가주어, 가목적어라고 하죠.

그런데 ⓐ의 가주어 it을 삭제하고 ⓒ와 같이 명사절을 주어 자리에 사용하는 것은 가능하지만 ⓑ의 가목적어 it을 삭제하고 ⓓ처럼 명사절을 목적어 자리에 사용하는 것은 불가능합니다.

ⓒ That this class is interesting is obvious to everyone.

ⓓ *I find that she fell asleep in my class difficult to believe.

ⓓ가 비문인 이유는 긴 명사절이 중간에 있어서 문장을 이해하기 어렵기 때문입니다.

ⓔ와 같이 가목적어를 삭제하고 명사절을 문두에 보내어 목적어를 강조하는 문장으로 바꾸는 것은 가능하죠.[83]

ⓔ That she fell asleep in my class I find difficult to believe.

Notes 주

1. *An Introduction to Language* by Fromkin, Rodman, & Hyams 2011, p. 39
2. *The Grammar Book: An ESL/EFL Teacher's Course* by Celce-Murcia & Larsen-Freeman 1999, p. 530
3. *Rules for Writers* by D. Hacker 2009, p. 296
4. *Oxford Modern English Grammar* by B. Aarts 2011, p. 250
5. Ibid., p. 68
6. *The Grammar Book* by Celce-Murcia & Larsen-Freeman 1999, p. 368
7. Ibid., p. 142
8. Ibid., p. 146
9. Marianne Celce-Murcia (personal communication, November 2, 2010)
10. *The Grammar Book* by Celce-Murcia & Larsen-Freeman 1999, p. 67
11. Ibid., p. 77
12. Ibid., p. 66
13. *Oxford Modern English Grammar* by B. Aarts 2011, p. 244
14. *Words and Rules: The Ingredients of Language* by S. Pinker 1999, pp. 123-124
15. *Oxford Modern English Grammar* by B. Aarts 2011, p. 268
16. *The Grammar Book* by Celce-Murcia & Larsen-Freeman 1999, p. 121
17. *Understanding and Using English Grammar* by Azar & Hagen 2009, p. 33
18. *The Grammar Book* by Celce-Murcia & Larsen-Freeman 1999, p. 117
19. *The Stuff of Thought* by S. Pinker 2007, p. 200
20. Ibid., p. 198
21. Ibid., p. 204
22. Ibid.
23. Retrieved December 4, 2013, from http://en.wikipedia.org/wiki/Elizabeth_I_of_England
24. Celce-Murcia, M. & Yoo, I. W. 2014 Discourse-based grammar and the teaching of academic reading and writing in EFL contexts. *English Teaching, 69*(1), 3-21.
25. *National Geographic* July, 2012, p. 115
26. Larsen-Freeman, D., Kuehn, T., & Haccius, M. 2002, p. 6 Helping students make appropriate English verb tense-aspect choices. *TESOL Journal, 11*(4), 3-9.
27. *The Grammar Book* by Celce-Murcia & Larsen-Freeman 1999, p. 166
28. Excerpt from lecture 13 of Charles Bailyn's *Astrophysics: Frontiers and Controversies*, posted on iTunes U under Yale University in October 2009
29. *New York Times*, "The Senate's Last Chance on AIDS," October 28, 2003
30. *The Grammar Book* by Celce-Murcia & Larsen-Freeman 1999, p. 169

31 *A Discourse Analysis of the English Tense-Aspect-Modality System* (Unpublished Ph.D. dissertation, UCLA) by K. H. Suh 1992
32 Ibid.
33 *The Grammar Book* by Celce-Murcia & Larsen-Freeman 1999, p. 170
34 Ibid., p. 168
35 Ibid., p. 128, p. 149
36 Ibid., p. 128
37 Ibid., p. 149
38 Ibid., p. 548
39 Ibid., p. 549
40 *The Stuff of Thought* by S. Pinker 2007, p. 197
41 *Oxford Modern English Grammar* by B. Aarts 2011, pp. 26-27
42 *Chomsky: Ideas and Ideals* by N. Smith 2004, p. 105
43 *The Grammar Book* by Celce-Murcia & Larsen-Freeman 1999, p. 348
44 Ibid., p. 354
45 Ibid., p. 373
46 *Words and Rules: The Ingredients of Language* by S. Pinker 1999, p. 54
47 *Scientific Curiosity* by C. Aydon 2005, p. 67
48 *The Grammar Book* by Celce-Murcia & Larsen-Freeman 1999, p. 272
49 Ibid., p. 324
50 *Collins COBUILD English Guides 10: Determiners & Quantifiers* by R. Berry 1997, p. 69
51 *Collins COBUILD English Guides 3: Articles* by R. Berry 1991, p. v.
52 *Understanding and Using English Grammar* by Azar & Hagen 2009, p. 118
53 *Longman Grammar of Spoken and Written English* by Biber, Johansson, Leech, Conrad, & Finegan 1999, p. 268
54 Ibid., p. 266
55 *A Comprehensive Grammar of the English Language* by Quirk, Greenbaum, Leech, & Svartvik 1985, p. 272
56 Arthur Greg Willers (personal communication, February 26, 2014)
57 *Longman Dictionary of English Language and Culture* 1992, p. 466
58 *Article and Noun in English* by J. Hewson 1972
59 *The Articles: A Study of Their Theory and Use in English* by P. Christophersen 1939, p. 179
60 *On Definiteness: A Study with Special Reference to English and Finnish* by A. Chesterman 1991

GRAMMAR

61 *A Comprehensive Grammar of the English Language* by Quirk et al. 1985, p. 295
62 *The Grammar Book* by Celce-Murcia & Larsen-Freeman 1999, p. 276
63 *The Articles: A Study of Their Theory and Use in English* by P. Christophersen 1939
64 *Oxford Modern English Grammar* by B. Aarts 2011, p. 53
65 *The Grammar Book* by Celce-Murcia & Larsen-Freeman 1999, p. 582
66 *This Is Your Brain on Music: The Science of a Human Obsession* by D. Levitin 2006, p. 35
67 *Longman Dictionary of English Language and Culture* 1992, p. 1368
68 *Oxford Advanced Learner's Dictionary* by A. S. Hornby 2005, p. 1588
69 *Oxford Modern English Grammar* by B. Aarts 2011, p. 59
70 *The Grammar Book* by Celce-Murcia & Larsen-Freeman 1999, pp. 403-404
71 *A Comprehensive Grammar of the English Language* by Quirk et al. 1985, p. 676
72 *The Grammar Book* by Celce-Murcia & Larsen-Freeman 1999, p. 315
73 Ibid., p. 324
74 Ibid., p. 315
75 Ibid.
76 *Comparative Syntax* by I. Roberts 1997, p. 88
77 *A Comprehensive Grammar of the English Language* by Quirk et al. 1985, p. 650
78 *Adverbs and Functional Heads* by G. Cinque 1999, p. 28
79 *The Grammar Book* by Celce-Murcia & Larsen-Freeman 1999, p. 615
80 *The Teacher's Grammar of English* by R. Cowan 2008, pp. 533-534
81 Bonelli, E. T. 1992 "All I'm saying is...": The correlation of form and function in pseudo-cleft sentences. *Literary and Linguistic Computing, 7*, 30-42.
82 *Oxford Modern English Grammar* by B. Aarts 2011, p. 334
83 Ibid., p. 322